아무도
상처받지 않는
대화법

아무도

칭찬보다 더 효과적인 말투의 심리학

상처받지 않는 대화법

하야시 겐타로 지음 | 민혜진 옮김

포텐업

많은 사람들이
'토론'이라는 것을
이기기 위한 싸움이라고 생각한다.

둘 중 하나는 이기고,
하나는 지는 것이라고
말이다.

그러다 보니 가족, 친구와
일상적인 이야기를 하다가도
'네 말이 옳은지, 내 말이 옳은지'
대결하는 구도로 대화가 흐르고
결국 어느 한쪽은 기분이 상하고 만다.

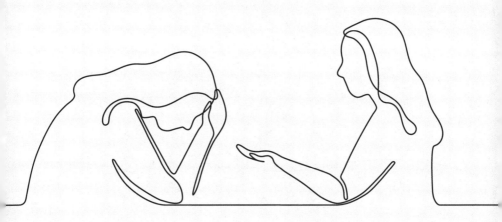

그런데 사실 대부분의 경우에는
누가 옳고 누가 그른지,
무엇이 올바른 것인지를
따지는 것 자체가 무의미하다.

워싱턴 대학의 명예 교수이자 심리학자
존 가트맨(John M. Gottman) 박사는
'어른들 사이에서 일어나는 문제나
과제의 69퍼센트는 명확한 답이
존재하지 않는다'고 이야기한 바 있다.

이 말은 인간관계에서
일어나는 문제에는 수학 문제처럼
단 하나의 정답이 있는 게
아니라는 것이다.

그러므로 대화에서
'옳고 그름'을 따진다고 해서
단 하나의 명확한 결론이
나오는 것은 아니다.

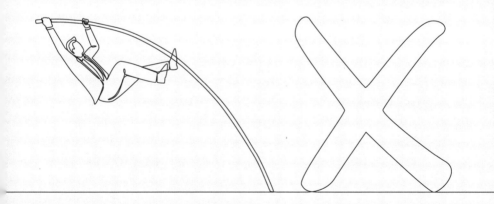

인간관계에서
칭찬보다 더 중요한 것은?

칭찬하기도 긍정하기도 아닌 한 가지 비결

'더 많은 사람에게 사랑받고 싶다.'

'더 좋은 인간관계를 맺고 싶다.'

'팀원을 좀 더 성장시키고 싶다.'

'아이를 더 잘 키우고 싶다.'

'화내지도 혼내지도 않는 커뮤니케이션을 하고 싶다.'

'상처 주지도 상처받지도 않는 대화를 하고 싶다.'

이런 생각을 해본 적이 있나요? 만약 그렇다면 이 책을 끝까지 읽어보세요. 이 책에서는 업무적으로든 개인적으로든 좋은 인간관계를 맺는 가장 효과적인 방법을 소개합니다.

안녕하세요. 하야시 겐타로입니다.

저는 2010년 전문 코치로 독립한 이후 지금까지 대표적인 대기업과 외국계 기업, 벤처 기업, 가족 경영 회사까지 800여 명의 경영자와 비즈니스 리더를 대상으로 코칭을 하고 있습니다.

코칭을 하면서 팀장과 팀원, 동료와의 관계뿐만 아니라 친구, 파트너, 부모 자식과의 관계 등 다양한 인간관계에서 벌어지는 갈등에 대해 연구하게 되었습니다. 이 인간관계를 좋아지게 하려면 어떻게 해야 할까요?

흔히들 '칭찬'이 가장 좋다고 말합니다.

일뿐만 아니라 육아를 할 때도 칭찬하는 게 좋다, 긍정하는 게 좋다, 혼내는 게 좋다 등 다양한 주장이 있습니다. 물론 셋 다 좋은 방법입니다. 그런데 제가 수많은 경영자, 관리자, 직장인 등등을 만나면서 알게 된 한 가지 비결이 있습니다. 그것은 칭찬하기도 긍정하기도 혼내기도 아닙니다. 가장 효과적이고 극적으로 인간관계를 바꾸는 방법은 바로 '부정하지 않는 것'입니다.

저는 인간관계에서 가장 중요한 건 상대방을 부정하지 않는 거라고 생각합니다. 칭찬하거나 긍정하거나 혼내는 것보다도 몇 배나 효과적이고 좋은 결과로 이어지거든요. 이것이 바로 인간관계가 좋아지는 가장 쉬운 비결입니다.

부정하지 않는 습관을 몸에 익히면
일과 인생이 바뀌는 이유

"나는 부정 같은 건 안 해."
"부정하는 게 아니라 단지 진실을 말하는 건데?"
"'근데', '아니 그게 아니라'는 누구나 다 하는 말이잖아."

이렇게 말하는 분들도 있습니다.
실제로 대부분의 사람들은 자신이 누군가를 부정하고 있다는 사실조차 자각하지 못합니다. 오히려 "다 너를 위해서 하는 말이야"라고 무심코 내뱉죠. 그런데 상대방은 부정으로 받아들이기 때문에 혼자 조용히 상처받고 나서 사이가 나빠지는 경우가 꽤 많습니다. 그렇다면 '부정한다'는 게 과연 어떤 걸까요? 그것부터 짚고 넘어갑시다. 이 책에서 말하는 '부정'은 사람들이 평소에 자주 쓰는 '근데', '아니 그게 아니라' 같은 부정어만을 뜻하지 않습니다.

> 상대방의 말과 생각, 행동의 결과를 인정하지 않는다.
> 상대방의 말이나 의견을 무시하고, 듣지 않고, 말을 자른 후 다른 이야기를 한다.
> 상대방의 실수나 실패를 비난한다.
> 고민 상담 등을 할 때 진지하게 듣지 않는다.

바로 이런 것들이 상대를 부정하는 행동들입니다.

'뭐야, 이런 것도 부정이라고?'

이렇게 생각하는 분들도 있겠지만, 상대방의 입장에서 이런 말과 행동을 대면하면 무의식적으로 '부정당했다'고 느끼게 됩니다. 물론 부정하는 사람들도 무의식적으로 행동하는 경우가 많습니다. 자신도 모르게 부정하는 습관이 몸에 배어 있는 거죠.

이 때문에 '무의식적으로 부정하는 습관'을 '부정하지 않는 습관'으로 바꾸기만 해도 인간관계는 극적으로 좋아집니다. 대인관계에 대한 고민의 상당 부분이 저절로 해결된다고 장담할 수 있습니다. 부정하지 않는 대화법에는 다음과 같은 장점이 있습니다.

누구를 만나도 쉽게 호감을 얻을 수 있다.

누군가에게 원한을 사지 않는다.

함께 있으면 편안한 사람이 된다.

부정당하지 않는다는 믿음이 있으므로 허심탄회하게 의견을 말할 수 있다.

건설적인 토론이 가능해진다.

상대방의 자기 긍정감이 높아진다.

내가 팀장이라면 팀원이 성장하는 계기를 만들어줄 수 있다.

실수나 실패를 하더라도 쉽게 다시 도전하게 된다.

부정적인 생각이 줄어든다.

신뢰 관계(라포르rapport)가 잘 형성된다.

인간관계에서 트러블이 줄어든다.

대화가 쉽게 다음 화제로 이어진다.

'듣는 능력'이 좋아져서 사고가 유연해진다.

이렇게 예를 들자면 끝이 없을 만큼 놀라운 효과가 있습니다.

해야 할 일은 간단하지만 효과는 엄청나죠.

칭찬하고 긍정하는 것보다 부정하지 않는 것이 좋은 인간관계를 맺는 열쇠입니다.

> '그런데 나도 모르게 부정하는 습관이 배어 있다면 고치기는 쉽지 않을 것 같은데…….'

물론 이렇게 느끼는 분들도 있겠죠. 바로 이런 분들을 위해이 책을 썼습니다.

괜찮습니다. 부정하지 않는 것은 기술입니다.

누구나 마음만 먹으면 이 기술을 몸에 익힐 수 있다는 말입니다.

우선 부정하지 않는 대화법을 이해하고, 누군가와 이야기를 나눌 때 그 핵심 메시지에 의식을 집중하면 어느새 부정하지 않는 습관이 몸에 밴 자기 자신과 만날 수 있을 겁니다. 그렇게 되면 당신의 인간관계는 극적으로 변합니다. 그러므로이 책을 읽고 나서 그냥 덮어두지 말고 꼭 실전에서 연습해보시기 바랍니다. 이 책이 당신의 인간관계를 바꾸고, 인생을 더 좋은 방향으로 이끄는 데 도움이 된다면 저자로서 더할 나위 없이 기쁠 겁니다.

하야시 겐타로

| 1장 |
왜 나도 모르게 부정하게 되는 걸까?
습관적으로 부정하는 사람들의 무의식

| 2장 |
당신이 항상 옳다는 생각은 버려라
부정하지 않는 마인드 장착하는 법

|3장|
내 곁에 사람을 남기는 대화 기술
상처받지 않는 대화를 위한 11가지 화법

|4장|
말투를 바꾸면 캐릭터가 바뀐다
부정하지 않는 언어 습관을 위한 마인드

| 5장 |
꼭 내 편이 아니어도 적을 만들 필요는 없다
인간관계에서 신뢰가 쌓이는 대화 기술

| 1장 |

왜 나도 모르게
부정하게 되는 걸까?

습관적으로 부정하는 사람들의 무의식

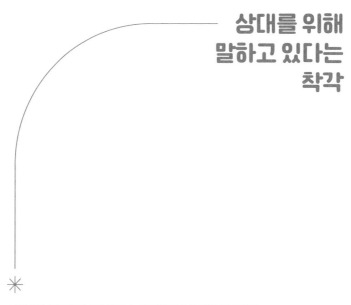

상대를 위해 말하고 있다는 착각

당신은 자기도 모르게 누군가를 부정하고 있다

사람들은 대부분 자기도 모르게 상대를 부정합니다.

지금부터 그 메커니즘에 대해 이야기할게요.

사람들은 이미 알고 있습니다. 자꾸 부정만 하면 안 좋다는 걸, 부정하지 않고 받아들이는 게 중요하다는 걸 말이죠. 그런데 머리로는 알면서도 왜 무심코 부정하는 말과 행동을 하게 될까요? 이에 대해 함께 생각해봅시다.

먼저 상상해보세요. 만약 초등학생인 당신의 자녀가 "난 커서 우주 비행사가 될 거야!"라고 말했다면 당신은 어떻게 대답할 건가요?

"그건 좀 어려울 거 같은데?"
"돈이 얼마나 드는지 알아? 우리는 그럴 형편이 못 돼."
"그거 되려면 얼마나 똑똑해야 하는 줄 알아?"

물론 이렇게까지 쓸모없는 말을 입에 담는 사람은 없겠죠?
부모라면 누구나 자녀의 꿈을 최대한 응원해주고 싶을 겁니다. 한편 응원해주고 싶은 마음과 동시에 현실적인 꿈이나 목표를 가졌으면 좋겠다고 생각할 수도 있겠죠. 이룰 수 없는 꿈에서 하루빨리 깨어날 수 있게 도와줘야 한다는 부모의 마음이 무의식적으로 작용하는 겁니다.

설사 면전에서 대놓고 부정하지 않더라도, 무의식적으로 부정하는 심리 상태가 되었다고 가정해봅시다. 그러한 심층 심리는 다음과 같은 말과 행동으로 나타납니다.

우주 비행사가 되고 싶다는 이야기는 없었던 일로 치부한다.
아이가 이야기할 때 진지하게 귀 기울이지 않는다.
부모가 원하는 진로 쪽으로 대화를 유도한다.

이 모든 행위에는 악의가 없으며 오히려 잘되라는 마음에서 우러나온 겁니다. 즉 좋은 의도로 상대방을 부정하는 것입니다. 말하자면 애정의 역습이죠. 아이를 위해서 부정한다는 메커니즘이 바로 여기에 있습니다.

원래 부정하는 말에는 악의가 없다

저희 부모님이 바로 그랬습니다. 중학교 시절에 저는 진지하게 'F1 자동차 공기역학 디자이너가 되고 싶다'고 부모님께 말씀드렸습니다. 그 말을 들은 아버지는 깜짝 놀라며 이렇게 말씀하셨습니다.

> "좀 더 평범한 건 없냐? 하고 싶은 말은 알겠는데
> ……."

난처하다는 표정을 짓던 아버지의 얼굴이 지금도 똑똑히 기억납니다. 참고로 어머니는 "흐음~" 하면서 한숨을 내쉴 뿐이었죠. 또 당시 담임 선생님은 "그런 말도 안 되는 소리

하지 말고 진학이나 고민해라"라는 진심 어린 조언을 던졌습니다.

물론 지금은 다 이해할 수 있습니다. 나를 그렇게 대했던 어른들에게 악의가 없었다는 것도, 그들의 상식으로는 그렇게 말할 수밖에 없었다는 것도 말입니다.

하지만 그런 피드백은 분명 아이의 가능성을 짓밟는 일입니다.

이때 부정하는 사람의 마음속에는 '잘되기를 바라는 마음'이 전제되어 있습니다. 이 사고방식이 부정을 정당화합니다. 이렇듯 원래 부정하는 말에는 악의가 없습니다. 그래서 더 골치가 아픈 법입니다.

습관적으로 부정하는 사람들의 심리
상대의 말을 부정하면서도 그것이
상대를 위하는 길이라고 착각하고 있다.

지지와 응원을
받은 사람이
깨닫게 되는 것들

✳

미국 카운슬러가 알려준 깨달음

'내가 하고 싶은 일을 말하면 부정당한다.'

중학생 때 어른들과 대화를 나눈 후 저는 이렇게 믿게 되었습니다. 그리고 부모님과 선생님에 대한 분노와 불만을 마음속 깊이 아로새겼습니다.

'나중에 뭐가 되고 싶냐고 물어서 솔직하게 대답했더니만, 도대체 뭐야. 어차피 부정할 거면서. 내가 하고

싫은 건 원래 안 된다는 말이잖아!'

중학교 3학년인 제 입장에서 말하자면 어른들의 반응은 뒷북치기였습니다. 제가 정말 원하는 게 뭔지가 중요한 게 아니라 그들이 원하는 답이 돌아오기를 바라는 것 같았거든요.

물론 지금은 아버지와 선생님이 왜 그렇게 말했는지 그 의도가 뭔지 이해합니다.

저는 그 후 짜증스러운 나날을 보냈습니다. 그렇게 이런저런 일을 겪다가 어떤 계기가 생겨 미국으로 유학을 가게 되었습니다. 유학 간 학교에는 진학 카운슬러가 있더군요.

어느 날 진학 카운슬러가 물었습니다.

"겐타로는 나중에 뭐가 되고 싶어?"

그러자 마음속으로 '또 부정당하겠구나!'라고 생각하면서 FI 자동차 공기역학 디자이너가 되고 싶다고 대답했습니다. 그러자 카운슬러는 이렇게 말하더라고요.

"와, 아주 멋진데! 그럼 어떻게 하면 진짜 FI 자동차 공기역학 디자이너 될 수 있을지 함께 고민해보자!"

'뭐, 멋지다고?'

부모님, 선생님과는 전혀 다른 반응이 나오자 제가 더 놀랐습니다. 카운슬러의 반응은 솔직히 신선했습니다. 드디어 내 꿈을 인정받은 것 같았고, 자유롭게 말해도 괜찮다는 느낌을 받았습니다.

그런데 꿈을 인정받고 어떻게 하면 될지 함께 고민해보자는 말을 들은 순간 저는 깨달았습니다. 사실 나는 그 꿈을 이루기 위해 구체적으로 계획한 게 하나도 없구나, 라는 현실을 말입니다. 전적으로 부정당했을 때는 기분이 확 상했는데, 막상 지지와 응원을 받으니 뭘 해야 할지 구체적으로 생각해보지 않은 저 자신을 발견한 거죠.

'아, 그렇구나! 상대방에게 현실을 깨닫게 하려면 이런 접근법도 있구나!'

그때 저는 바로 이 점을 체감했던 겁니다.

✳

부정당하면 어떻게 될까?

이 상반된 경험을 비롯해서 최근 몇 년 동안 수많은 경영자와 직장인을 코칭하면서 깨달은 점이 있습니다.

부정만 당하면 마음에 상처가 생긴다.

부정만 당하면 분노가 싹튼다.

부정만 당하면 솔직하게 이야기할 수 없다.

부정만 당하면 신뢰 관계를 형성하기 어렵다.

부정만 당하면 자기 긍정감이 떨어지고 자신감을 잃
는다.

그런데 이 문장들을 역으로 표현하면 다음과 같이 단순한
사실을 알 수 있습니다.

부정하지만 않아도 긍정적인 감정이 생긴다.

부정하지만 않아도 좀 더 대화하고 싶어진다.

부정하지만 않아도 신뢰 관계를 형성할 수 있다.

부정하지만 않아도 자기 긍정감이 올라가고 자신감이
생긴다.

'뭐 이리 당연한 말을 하는 건지 모르겠네…….'

이렇게 생각하는 분들도 있을 겁니다. 맞습니다. 당연한 말
입니다. 하지만 그걸 알면서도 우리는 현실에서 의식적으로
든 무의식적으로든 타인에게 부정적 메시지를 전하고 있다

는 걸 기억하세요. 이것이 팩트입니다.

이것만 기억하자!

막상 지지와 응원의 말을 들으면 자기 자신을 되돌아보게 된다.

저 사람과
함께 있으면
일이 즐거운 이유

✳ 심리적 안정감이 조직에 미치는 영향

'들어가는 말'에서 언급했듯이 부정하는 습관만 버려도 여러 가지 장점이 있습니다. 특히 사람들과 대화할 때 '심리적 안정감'이 보장된다는 게 가장 큰 장점입니다. 최근에는 비즈니스 현장에서도 심리적 안정감이 조직의 성패를 좌우할 만큼 중요하다고 인정하고 있습니다. 이 용어는 하버드 대학에서 조직 행동학을 연구하는 에이미 에드먼드슨(Amy C. Edmondson)이 주창한 심리학 용어 'Psychological Safety'를 우리말로 그대로 번역한 것입니다.

대표적으로 구글은 2015년에 '생산성이 높은 팀이나 조직에는 심리적 안정감이 있다'는 취지의 연구 결과를 발표한 바 있습니다.

심리적 안정감을 알기 쉽게 설명하면 '회사 내에서 누가 무슨 말을 해도 어떤 발언이나 지적을 해도 부정이나 거절을 당할 염려가 없는 상태'를 뜻합니다.

원래 사람이란 누군가에게 부정당하면 (때때로 거절당하면) 마음이 불안해지기 때문에 의욕과 동시에 성과가 떨어지는 경우가 많습니다. 그런데 내가 어떤 새로운 의견, 엉뚱한 아이디어를 내도 상대가 부정하지 않는다는 게 확실하다면 그 누구라도 위축되지 않고 자기 의견을 말할 수 있게 되겠죠. 이것이 바로 활력 있는 조직의 특성입니다.

심리적 안정감은 주로 비즈니스 리더십으로 언급되기 때문에 조직에 관련한 이야기로만 생각하기 쉽지만 개인 대 개인의 관계에서도 마찬가지입니다. 만약 당신이 부정하지 않는 대화법을 익히면 그 누구를 만나더라도 심리적 안정감을 형성할 수 있습니다. 그러면 어떤 변화가 일어날까요? 상대방의 입장에서 이야기해볼게요.

저 사람은 내가 무슨 말을 해도 일단은 들어준다.

저 사람한테만은 솔직하게 내 생각을 말할 수 있다.

저 사람과는 안심하고 상담이나 대화, 토론을 할 수 있다.

내가 사소한 실수를 해도 저 사람은 비난하지 않는다.

내가 좀 못한다고 해도 저 사람은 나를 무시하지 않는다.

저 사람과 함께 있으면 있는 그대로의 나로 존재할 수 있다.

저 사람과 함께 있으면 편안하다.

저 사람과 함께 있으면 일이 즐거워지고 의욕이 생긴다.

어떤가요? 이것은 하나의 예에 지나지 않습니다. 하지만 당신은 알아차렸을 겁니다. 부정하지 않기 때문에 심리적 안정감을 얻을 수 있다는 사실을, 부정하지만 않아도 좋은 인간관계를 만들 수 있다는 사실을 말입니다.

많은 사람들이 인간관계에서 긍정적 사고와 칭찬의 중요성을 강조합니다. 그런데 너무 어렵게 생각하지 않아도 됩니다. 그냥 상대를 부정하지 않는 것만으로도 충분합니다.

그러기 위해서는 우선 '서로가 부정하지 않는 커뮤니케이션을 할 때 그 효과는 더욱 커진다'는 점을 이해하는 게 중요합니다. 심리적 안정감은 혼자서 만들 수 없습니다. 서로가 부정하지 않는 관계를 형성하면 상처받을 일도 또 상처를 줄 일도 사라집니다. 이런 관계의 바탕에는 심리적 안정감이라는 틀이 형성되어 있습니다. 이렇게 되기 위해서는 어떻게 해야 할까요? 먼저 어느 한쪽이라도 상대를 부정하는 커뮤니케이션을 그만두면 됩니다. 그리고 그걸 습관화하면 점점 신뢰가 싹트기 시작합니다.

이것만 기억하자!

어떤 말을 해도 부정하지 않는다면?
당신은 곧 다양한 사람들의 다양한 의견을 듣게 될 것이다.

자신이 부정하고
있다는 걸
왜 자신만 모를까?

✳

부정에는 의외의 패턴이 있다

"아니 잠깐만요. 저는 부정한 적 없는데요."
"말끝마다 부정적으로 말하는 사람들이 있긴 하죠. 근
데 저는 안 그래요."

제가 부정하는 커뮤니케이션의 장단점을 설명하면 꼭 이
렇게 말하는 분들이 있습니다. 부정하는 습관이 있는 사람들
이 있다는 건 알면서도 그게 바로 '자기 자신'이라는 걸 잘 인
정하지 않습니다. 그런데 '아니 근데', '아니 그게 아니라'라

고 습관적으로 부정적인 말투를 쓰는 사람만 부정적인 사람인 건 아닙니다. 물론 그들도 포함되지만 전부는 아니라는 말이죠.

여러분은 평소 사람들과 대화할 때 다음과 같은 행동을 하지 않나요?

상대방이 말하는 도중에 끼어들어 말을 끊어버린다.
상대방이 의견을 말했을 때 '그것도 좋긴 한데'라고 하며 자신의 의견을 말한다.
상대방의 이야기를 들을 때 눈을 마주치지 않고 다른 일을 하면서 듣는다.

이 상황의 공통점은 뭘까요? 바로 '말로는 부정하지 않는다'는 겁니다. 사실 이런 커뮤니케이션은 당신의 일상에서도 매우 비일비재합니다. 당신의 배우자가 혹은 친구가 말을 거는데 스마트폰을 보면서 이야기를 건성으로 들은 적이 있지 않나요? 바로 그런 행동이 완벽한 부정입니다.

이것만
기억하자!

가장 위험한 건 온몸으로 부정의 메시지를
보내고 있으면서 자기 자신은 부정적이지 않다고
믿고 있는 사람이다.

부정의 에너지는
당신이 상상하는 것보다
훨씬 무섭다

절대 해서는 안 되는 부정의 말

'부정할 수밖에 없을 때도 있다.'
'잘못된 것을 지적하지 말라는 뜻인가?'

이쯤 되면 이런 생각을 하는 분들도 있을 겁니다. 맞습니다. 당연히 경우에 따라서는 부정하지 않는 게 어려울 때도 있습니다. 특히 업무적으로 합리적인 판단을 하기 위해서는 상대방의 잘못된 판단이나 행동을 지적하고 부정해야 하는 상황도 있게 마련이죠. 따라서 모든 부정이 다 나쁜 것은 아닙니다.

다만 부정하는 말과 행동에는 상황을 나쁜 방향으로 움직이게 하는 에너지가 있다는 점을 기억해야 합니다. 그런데 더 큰 문제는, 많은 사람들이 이런 에너지의 흐름에 무심하다는 사실입니다.

여기서 여러분에게 한 가지 질문을 하고 싶습니다.

"어떤 상황에서도 절대 해서는 안 되는 부정의 말은 뭘까요?"

잠시 생각해보세요. 여러분은 어떤 말이 떠오르나요? 이제 질문에 대한 답을 말씀드릴게요. '절대 해서는 안 되는 부정의 말'은 바로 상대방의 존재 자체를 철저히 부정하는 것입니다.

> "우리 회사에서 당신 같은 사람은 필요 없어요."
> "너 같은 애 하나쯤 없어져도 아무 상관없거든."
> "네 의견 같은 건 아무 의미가 없어."

이것이 바로 상대방의 존재를 철저히 부정하는 말들입니다. 존재를 철저히 부정당했을 때, 인간으로서 존엄성을 훼손당했을 때, 그 사람의 마음에는 큰 상처가 남습니다. 물론 이 책을 읽고 있는 분들 중에 이렇게까지 부정적인 말을 하는 사람은 없을 거라고 믿습니다.

하지만 오늘도 많은 사람들이 너무나 쉽게 상대방의 의견을 부정하는 말을 내뱉습니다. 혹은 그저 의견에 대해 부정했을 뿐인데 '의견 부정＝나를 부정했다'라고 느낄 수도 있습니다.

> '최선을 다해서 기획하고 프레젠테이션을 했는데 모두 부정당했다.'
> '치열하게 고민해서 회의 때 의견을 말했는데 아무도 귀 기울여주지 않았다.'

부정적인 말의 특징 중 하나는 말을 한 사람의 입장에서는 '의견을 부정했다'고 생각하더라도, 말을 듣는 사람 입장에서는 '나를 부정했다'고 받아들일 확률이 높다는 것입니다.

즉 부정하는 말에는 의도적이고 명백한 표현만 있는 것이 아니라는 뜻입니다. 이를테면 '아니 근데', '아니 그게 아니라' 같은 말을 쓰거나 상대방의 실수를 탓하는 등 누가 봐도 부정적인 표현 외에도 여러 방식이 있다는 말이죠. 또 비록 오해라 하더라도 받아들이는 입장에서는 '나의 존재를 부정당했다'고 느끼는 경우가 많다는 것을 우선 인지하는 것이 중요합니다.

✳ 모든 사람이 악의는 없었다고 말한다

실제로 한 단체에서 일어났던 일화를 소개할게요.

이 단체는 여러 기업의 인사 담당자들이 모여서 정기적으로 스터디를 했습니다. 이 모임의 진행은 한 기업의 인사 담당자인 A 씨가 자원봉사로 수년간 맡았습니다. 어느 날 A 씨가 단체를 그만두게 되어 다른 사람을 뽑자는 이야기가 나왔습니다.

그 단체의 사무국장은 비교적 자유롭게 담당자가 의사를 결정하고 진행하는 것을 선호하는 사람이었습니다. 그래서 A 씨는 사무국장의 허락을 받지 않고 모든 회원을 대상으로 후임자를 공모했습니다.

"앞으로 저를 대신해서 스터디 모임의 진행을 맡아주실 분이 계실까요?"

그랬더니 두 달 전에 단체에 가입해서 스터디 모임에 한 번밖에 참여하지 않았고, 진행 순서도 잘 모르는 사람이 자진해서 하겠다고 나서는 일이 벌어졌습니다. 그 일을 알게 된 사무국장은 난처했습니다.

아무리 자유롭게 의사를 결정하는 문화라 해도, 단체를 대표하는 행사의 진행자를 뽑는 문제를 자신에게 확인도 하지 않고 진행했다는 것에 불편한 마음이 들었기 때문입니다.

사무국장은 이 문제에 개입하기로 마음먹고 신중에 신중을 거듭하며 A 씨에게 다음과 같이 말했습니다.

"이번 일은 혼자서 결정하지 말고 먼저 상의를 하고 하셨어야죠. 진행자를 선출하는 건 우리 단체에서도 중요한 일이니까요. 책임감 때문에 그런 행동을 했다는 건 알겠어요. 근데 이건 우리 모임 전체의 일이지 않습니까. 먼저 단체를 운영하는 사람들과 상담한 다음에 결정할 일이죠. 만약 그런 사전 협의가 없었다면 이참에 사무국 관계자들을 모아서 협의한 다음에 후임자 선정 기준을 정합시다."

그랬더니 A 씨는 이렇게 반응했습니다.

"저는 제가 빠지게 돼서 책임감 때문에 굳이 안 해도 되는 일을 호의를 가지고 했는데 그렇게 말씀을 하시니까 좀 서운하네요. 게다가 지금까지 아무런 대가 없이 자원봉사로 진행을 맡았는데 그런 말씀을 들으니 너무 속상합니다."

A 씨는 마치 자신의 모든 것을 부정당했다는 듯이 해석하며 섭섭함을 토로했습니다. A 씨는 결국 "이 단체 진짜 별로야!"라는 말을 주변에 퍼뜨리고, 후임자를 결정하는 일도 내팽개친 채 단체를 떠나버렸습니다.

그런데 사무국장 입장에서는 A 씨를 개인적으로 공격할 마음이 전혀 없었습니다. 사무국장으로서는 스터디 모임을 원활하게 운영하는 데 차질이 생길까 봐 걱정이 되었을 뿐이었죠.

또한 진행을 자처한 그 후보자가 현 단계에서는 바로 진행을 맡기 힘들 거라 예상하고 그를 걱정하는 마음에서라도 일부러 개입한 거였습니다.

하지만 결과적으로는 오해를 불러일으켰고 씁쓸한 이별을 맞이하게 되었습니다. 이처럼 부정하는 말에는 악의가 전혀 없더라도 전달 방식 하나만으로도 상대방을 화나게 만들 수 있습니다.

부정적인 화법의 무서운 점
단지 상대방의 의견에 대해 부정적 답변을 했을 뿐인데 상대방은 자기 자신을 부정했다고 느낄 수 있다.

왜 "아니요"라는 말에 쉽게 상처받을까?

✳

왜 속마음을 솔직히 말하지 못할까?

부정에 대한 국내외의 차이에 대해서도 살짝 언급하고 싶습니다. 유럽이나 미국 등 다양한 인종이 섞여 사는 나라에서는 누구나 자유롭게 자신의 의견을 말할 수 있는 문화가 정착되어 있습니다.

"머리 잘랐네? 나는 예전 헤어스타일이 더 좋았는데."
"그렇게 생각하는구나. 나는 그냥 지금까지 해본 적 없는 헤어스타일에 도전해보고 싶었어."

"아, 그런 거야? 알겠어."

이런 대화가 일상적으로 이루어집니다.

'나는 좋아하지 않지만 그런 방법이나 사고방식도 있구나.'

이렇게 상대방의 생각을 하나의 의견으로 받아들이는 문화가 유럽이나 미국 등의 서구권 문화에는 있습니다. 실제로 '동의(Agree)'할 수 없어도 '받아들인다(I see your point)'는 표현이 있습니다.

문화도 사고방식도 다른 다민족이 섞여 사는 유럽과 미국에서는, 다양성을 수용하는 대화 방식을 중요하게 여깁니다.

그에 비해 우리는 어떤가요? 우리 문화권에서는 애매모호한 커뮤니케이션이 많기 때문에 '말귀 알아들었겠지', '분위기 파악을 잘해야지'라는 식의 표현이 많습니다.

저는 외국인들과도 일하는 기회가 많기 때문에 국가별로 커뮤니케이션의 경향을 분석합니다. 그 분석에 따르면 일본인은 자신의 생각을 분명하게 말하지 않기 때문에 서로 상대의 마음을 짐작하는 문화가 있습니다. 그래서 대화도 서로 짐작하는 방식이 많습니다.

여기서 짐작한다는 건 상대방의 주장을 끝까지 듣지 않고,

무슨 말을 하는지, 그 의도를 추측한다는 뜻입니다. 앞의 사례에서도 상대방의 말을 듣고, 거기에 숨어 있는 의도를 추측하는 일이 벌어졌죠.

결국 사무국장은 행동에 대해 지적했을 뿐인데, A 씨는 자신을 모두 부정했다고 추측하면서 관계가 틀어졌습니다.

이렇게 비교해서 생각해보면 면전에서 대놓고 부정하더라도 상대방의 의견도 다양성의 관점에서 받아들이는 서구식 커뮤니케이션과, 상대방이 하는 말의 이면에 숨어 있는 속마음을 짐작하며 살아가는 일본식 커뮤니케이션에는 큰 차이가 있습니다.

서구 사람들은 직설적인 부정을 받아들이는 데 익숙한 반면 우리는 직접적으로 부정당하는 데 익숙하지 않다는 말이죠. 여기서 제가 하고 싶은 말은 '우리도 이제 서구 사람들처럼 자신의 의견을 분명하게 말하자'는 게 아닙니다.

나라마다 문화가 다르고 사람마다 습관이 다릅니다. 그 차이를 인정하지 않고 모두 한결같이 솔직하게 속마음을 털어놓게 된다면 오히려 인간관계에서 트러블이 생길 뿐입니다.

우선 일본인은 부정적인 말에 익숙하지 않다는 걸 인정합시다. 그게 현실입니다. 이런 현실을 인정하는 상태에서 말과 행동을 어떻게 해야 할지 고민하는 게 더 합리적이라는 말입니다.

✳

속마음을 숨기는 커뮤니케이션이 말하는 것

여기서 이런 질문을 던질 수 있을 겁니다.

'왜 우리는 부정하는 말을 받아들이지 못할까?'

동서양을 막론하고 전 세계적으로 부정하는 언어가 있기 때문에 국가별로 별 차이가 없을 것 같죠? 그런데 사실 문화적 배경이 다른 데서 오는 차이가 조금은 있습니다.

다음 두 가지를 생각해볼 수 있습니다.

1. 폐쇄적이고 집단적인 사고방식에서 나온 언어 습관.
2. NO라는 직접적인 표현이 없다.

하나씩 살펴보겠습니다.

1. 폐쇄적이고 집단적인 사고방식에서 나온 언어 습관

이것은 일반론이긴 한데 좋든 나쁘든 간에 우리 사회에는 폐쇄적인 집단 문화가 큰 영향을 끼치고 있습니다. 여기서 폐쇄적인 집단이란 촌락 단위의 지역 사회를 말합니다. 일반적으로 같은 생활 습관을 가진 사람들이 모여서 서열을 정하고, 그 집단에서 정한 규칙을 누군가 위반하면 배제하는 습성을 갖고 있습니다. 만약 주변 사람들과 생각이 다른 별종 혹은 돌연변이가 나오면 까닥만 잘못해도 마을에서 추방해버립니다. 봉건제하에서 집단으로 벼농사를 지었던 사회에서나 있을 법한 일이 아니냐고 반문할지 모르지만, 지금도 이와 비슷한 일이 벌어지고 있습니다. 이런 문화가 모두의 마음속에 깔려 있기 때문에 자신의 생각을 내세우기보다는 '상식적으로 ○○여야 한다', '○○해야 한다' 등 주위의 시선이나 사회 통념에서 벗어나지 않으려고 애쓰는 겁니다.

불과 몇 년 전만 해도 '○○세가 되면 결혼해야 한다', '체면을 차려야 한다'는 것을 불문율처럼 여기던 사회 풍조의 뿌리도 여기에 있습니다.

그러다 보니 만약 자신이 누군가에게 '부정당한다'고 느끼면 무의식적으로 '커뮤니티에 속하지 못하게 된다'와 같은 의미로 받아들이면서 극심한 불안감과 두려움을 느끼는 것이죠.

2. NO라는 직접적인 표현이 없다

일본어의 특징 중 하나는 NO에 해당하는 말을 잘 쓰지 않는다는 것입니다.

'네', '아니요'라는 단어는 있지만, 일상 대화에서 '아니요'를 적극적으로 쓰는 경우는 드뭅니다.

예를 들어 미국의 레스토랑에서 빵을 리필할지 여부를 물었을 때, 필요 없으면 이렇게 말할 겁니다.

"No, thank you."

이 문장에는 솔직하게 NO라는 말이 들어 있습니다. 그런데 우리 사회에서는 주로 "괜찮습니다. 감사합니다"라고 말합니다. "아니요"라고 말하지 않고 "괜찮아요"라고 말하는 거죠.

그런데 바로 이런 언어 습관 때문에 누군가에게 "아니요"라는 말을 듣거나 부정당하면 쉽게 상처를 받는다는 게 문제입니다. 그렇다면 왜 우리는 이렇게 부정하는 언어 습관에 익숙하지 않으면서도 쉽게 누군가를 부정하는 걸까요?

이런 현상 역시 폐쇄적인 집단 문화 때문이라고 보면 됩니다. 우리는 집단에서 살아남으려면 모든 구성원에게 미움받지 않아야 했기 때문에 "아니요"라는 말에 익숙지 않은 반면에, 그와 같은 이유로 사회 통념에서 벗어나는 사람에게는 쉽게 부정의 메시지를 보내는 거죠. 그래야 나는 그 집단에서 살아남을 수 있으니까요. 이문화(異文化)에 대한 풍조를 논하는 것이 주제가 아니므로 이 이야기는 이쯤에서 끝내겠습니다.

요즘은 유명인이 조금만 실언을 하거나 실수를 해도 SNS가 들끓으면서 사회에서 매장당하는 일이 비일비재합니다. 이런 현상의 뒷배경에는 이런 뿌리 깊은 요인이 있다는 것만 알아두어도 사람들의 심리를 이해하는 데 큰 도움이 될 수 있습니다.

왜 사람들은 "아니요"라는 말에 쉽게 상처받을까?
동양권의 집단 문화에서는 개인의 의견보다
집단의 의견을 중시했다는 걸 기억하자.

말투만 바꿔도
분위기는
달라진다

✳

대화에서도 리프레이밍이 필요하다

이번 장의 마지막 사례를 소개할게요.

저는 예전에 인쇄 회사에서 오프셋 인쇄 영업을 한 적이 있습니다. 그때 한 고객에게 이런 요청을 받았습니다.

"이 부분이요, 흰색 잉크로 해주세요."

사실 이런 요청은 고객들에게 자주 받았습니다. 아시는 분도 있을 텐데 오프셋 인쇄에는 원칙적으로 흰색 잉크가 없습

니다(실크 인쇄 기법에서는 흰색 잉크가 있지만, 일반적인 경인쇄^{신속}성과 경제성을 겨냥한 간편한 인쇄를 말한다. 관공서, 학교 회사 내에서 사용하는 주로 흑백의 문자 인쇄물을 간편하게 만들 목적으로 발전했다-옮긴이에 사용되는 기법에서는 없습니다. 그래서 베타 인쇄^{ベタ刷り}를 하죠. 예를 들어 흰색 글자를 표현하기 위해 그 글자 부분을 제외한 나머지 부분을 파란색으로 인쇄하는 식입니다). 그런데 흰색 잉크는 없다고 말하면 대부분의 고객들은 불같이 화를 냅니다.

> "에이, 말도 안 돼요! 명색이 인쇄업자인데 흰색 잉크가 있다는 것도 몰라요! 공부 좀 더 하셔야겠네. 암튼 잔말 말고 하라면 해요!"

아무리 하라고 해도 흰색 잉크가 없으니 저로서도 어쩔 도리가 없죠.

> "아니, 그러니까 흰색 잉크는 없다니까요."
> "내가 있다고 하면 있는 거야."

이렇게 아무짝에도 쓸모없는 논쟁이 한 달에 한 번 정도는 있었습니다. 그래서 어느 순간부터 저는 대응하는 방법을 바

꿨습니다. 고객이 흰색 잉크를 써달라고 요청하면 없다고 말하는 대신 다른 화법을 써보기로 했습니다.

> "여기는 흰색 잉크로 해주세요."
> "흰색 잉크로요? 이 글자가 하얗고 또렷하게 보였으면 좋겠다는 말씀이죠?"
> "맞아요, 흰 글씨로 또렷하게 보여주고 싶으니까 잘 좀 해주세요."
> "또렷하고 하얗게 보이는 글자라, 제가 좀 더 고민해봐도 될까요?"
> "그럼요. 당연하죠."

이렇게 대화를 나눈 후, 납품할 때 인쇄물을 보여주면서 말합니다.

> "이번엔 배경색이 빨간색이라서 빨간색으로 먼저 인쇄하고 흰색 글자 부분을 빼서 또렷하게 표현했는데 어떠세요? 흰색이 예쁘게 잘 나왔죠?"
> "어머, 그런 방법도 있군요."

이렇게 화법을 바꾸니 고객들은 감탄했습니다. 그들은 자신의 직원들에게 흰 글씨를 예쁘게 인쇄하는 방법을 아느냐고 자랑스럽게 얘기할 정도로 아주 만족스러워했습니다.

심리학 용어로 이를 '리프레이밍(reframing)'이라고 합니다. 같은 말이지만 다른 각도에서 재해석한 후 표현함으로써 상대방에게 다른 인상을 줄 수 있는 거죠.

이 대화에서 '흰색 잉크가 있다 없다'를 논하는 것은 무의미합니다. 누구의 말이 옳은지를 증명해내는 자리도 아닙니다. 부정적인 언어의 캐치볼을 멈추고, 더 좋은 방법을 찾아보겠다고 제안했더니 모든 일이 원만하게 풀리기 시작했습니다.

✳

어느 와인 소믈리에 이야기

어떤 베테랑 와인 소믈리에의 사례 하나를 더 소개하겠습니다.

소믈리에의 업무는 손님들에게 요리에 어울리는 최적의 와인을 제공하고, 그들이 편안한 시간을 보낼 수 있도록 하는 겁니다. 따라서 손님의 말을 부정하고, 손님의 기분을 상하게 하면 절대 안 됩니다.

어느 날, 그 소믈리에는 손님에게 이런 말을 들었습니다.

"○○(와인 브랜드) 레드 와인을 마실 수 있을까요?"

아마도 손님은 동행한 여성 앞에서 와인에 해박한 모습을 보여주고 싶었던 것 같습니다. 하지만 안타깝게도 그 브랜드는 화이트 와인밖에 없었죠. 여기서 손님에게 ○○은 화이트 와인이라고 팩트를 말하는 건 쉽습니다. 하지만 그렇게 되면 손님은 민망해하겠죠.

그때 소믈리에는 이렇게 말했습니다.

"○○에서 레드 와인이 생산된다는 걸 잘 알고 계시네요. 정말 죄송한데 그 와인은 준비를 하지 못했습니다. 혹시 괜찮으시다면 비슷한 맛의 ○○ 와인은 어떠세요?"

그는 이렇게 손님에게 창피를 주지 않으면서도 기분 좋게 그 상황을 넘겼습니다.

이렇듯 설령 상대방이 틀렸다고 해도, 무조건 부정하고 반박하면 대화에서는 좋은 결과를 얻을 수 없습니다. 그러므로 만약 대화를 더 기분 좋게 하고 싶다면 전달하는 방식을 바꿔보세요. 나의 말투와 전달 방식을 고민한다는 건 상대방의 감정을 먼저 생각해보는 일입니다.

'틀린 것을 틀렸다고 지적해주는 게 더 좋은 거 아닌가요?'

물론 이렇게 생각할 수도 있습니다. 다만 부정적인 언어의 캐치볼을 계속해봐야 그 관계에서 얻을 수 있는 건 아무것도 없다는 사실을 기억해야 합니다. 설령 상대방이 백 퍼센트 틀린 말을 한다고 해도 나부터가 전달하는 방식을 조금만 바꿔보세요. 그렇게만 해도 상대방이 당신에게 느끼는 감정이 달라지고, 결국에는 그 사람과의 관계가 크게 달라질 겁니다.

이것만 기억하자!

대화에서 옳고 그름을 따지는 게 중요하지 않을 때도 있다.

2장

당신이 항상
옳다는 생각은 버려라

부정하지 않는 마인드 장착하는 법

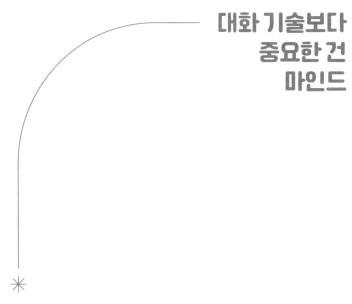

대화 기술보다 중요한 건 마인드

✳ 부정하지 않는 대화를 위해 버려야 할 세 가지 생각

앞서 말했듯이 자신이 지금 대화 혹은 몸짓 언어로 누군가를 부정하고 있다는 걸 자각하는 사람은 별로 없습니다. 그런데 이 무의식적인 부정이야말로 인간관계가 잘 풀리지 않는 가장 큰 원인입니다. 그러므로 의식적으로 부정하지 않는 습관을 익히는 게 좋습니다. 그런데 이것을 습관화하기 위해서는 한 가지 전제가 필요합니다. 바로 내 마음속 깊은 곳에 '부정하지 않는 마인드'를 장착시켜야 한다는 겁니다. 그 어떤 사람과 대화할 때도 기본적으로 '상대방을 부정하지 않는 마음'

을 가지는 거죠. 이 마인드가 당신 내면에 깊게 깔려 있지 않으면 여러 가지 대화의 기술을 배운다고 해도 잘 활용하지 못할 확률이 높습니다. 아무리 배운 기술을, 여러 번 외웠던 멘트를 실전에서 써먹으려고 해도 무의식적으로 이미 상대를 부정하고 있다면 저절로 속마음이 드러나버리기 때문입니다.

이번 장에서는 이 마인드를 장착하기 위한 몇 가지 포인트를 짚어드리겠습니다. 먼저 부정하지 않는 마인드를 만들기 위한 기본적인 사고방식에는 다음 세 가지가 있습니다.

1. '팩트를 말해주는 건 괜찮다'는 생각은 버린다.
2. '내 의견이 절대적으로 옳다'는 생각은 버린다.
3. 상대에 대한 '지나친 기대'는 버린다.

이제 이 세 가지에 대해서 간단히 설명하겠습니다.

'팩트를 말해주는 건 괜찮다'는 생각

✳

'사실을 말할 뿐이다'가 가장 위험하다

이런 대화는 특히 회사에서 팀장이 팀원에게 무의식적으로 던지는 경우가 많습니다.

> "부정한 게 아니라 그냥 사실을 말한 것뿐인데요."
> "틀렸으니까 지적했을 뿐인데요."

그들은 흔히 이렇게 반문합니다. 그런데 이건 엄청난 문제입니다. 다시 말하면 오히려 사실이기 때문에 더더욱 마이너

스입니다. 사실을 전달했을 뿐이라고 생각하기 때문에 상대방을 부정하거나 비난한 자신의 행동이 정당하다고 생각하는 게 더 문제라는 말입니다. '팩트'는 때로는 무기가 되기도 합니다. 그것도 상대방을 공격하기 위해 꺼내 드는 위험한 무기 말이죠.

물론 회사에서 안건에 대해 논의할 때 사실을 근거로 한 피드백은 꼭 필요합니다.

예를 들어 최근 영업부 직원이 별로 열심히 일하지 않는 것처럼 보인다면 이렇게 말하겠죠.

> "○○ 씨, 요즘 고객 유치를 위해 뭘 하고 있죠? 계속
> 이렇게 아무것도 안 하다가 이번 달 목표 달성은커녕
> 기본도 못 하면 어쩌려고 그래요?"

어떤가요? 누구나 직장에서 한 번쯤은 이런 이야기를 들어 봤을 겁니다. 그런데 여기까지만 하고 대화를 끝내면 참 좋겠지만 이를 시작으로 상대방의 단점을 줄줄이 물고 늘어지는 경우도 있습니다. "지난번에도 실수했잖아요", "지각을 왜 이렇게 자주 합니까?", "자리를 비우는 시간이 왜 이렇게 많습니까?"라는 식으로 끝도 없이 상대방을 비난하게 되는 거죠.

이렇게 되면 비록 그 내용이 사실이라고 하더라도 결과적으로 상대방은 궁지에 몰리고 맙니다. 관계가 깨지는 건 당연한 결과죠. 하지만 공격하는 사람 입장에서는 자신이 단지 팩트를 말하고 있을 뿐이라고 착각하기 쉽습니다.

✳

상대방이 어떻게 느낄지를 상상한다

그렇다면 어떻게 해야 할까요? 여기서 고려해야 할 점은, '부정하느냐 안 하느냐'도 아니고 '그 말이 사실인지 아닌지'도 아닙니다. 가장 중요한 건 바로 '그 말을 들은 사람이 부정당했다고 느끼는지'입니다. 그러므로 '내가 팩트를 얼마나 논리적으로 잘 말하는지'가 아니라 '내가 한 말을 상대방이 어떻게 받아들일지'를 먼저 생각해보라는 겁니다. 이것이 부정하지 않는 마인드를 장착하기 위해 가장 중요한 점입니다.

만약 '내가 상대방을 부정하는 말을 해버렸네' 혹은 적어도 '내 말이 상대방이 듣기에는 부정당하는 것처럼 느껴질 수 있겠다'라는 생각조차 못한다면 정말 답이 없습니다.

'나는 그런 사람 아니야. 나는 정말 남들을 부정한 적이 없어'라고 철석같이 믿고 있는 사람이 팀원을 트레이닝하기 위해서 일부러 부정하는 사람보다 훨씬 더 나쁩니다. 혹시라도 자신이 여기에 해당되는 건 아닌지 꼭 점검해보세요. 그런 경우라면 당신은 지금 무의식중에 상대방을 부정하면서 인간관계에서 큰 손해를 보고 있습니다. 잘 모르겠다면 당신의 말을 듣고 있는 상대방의 태도를 관찰해보세요.

욱한다.
고개를 숙이고 아무 말도 하지 않는다.
손을 꽉 쥐고 있다.

혹시 상대방이 이런 태도를 보인다면 당신은 상대방을 부정했을 가능성이 높습니다. 스스로 점검해보고 나서 만일 여기에 해당된다면 빨리 알아차려야 합니다.

'내가 상대를 부정하고 있다는 사실을 깨닫는 것.'

이것이 상처를 주고받지 않는 대화법의 첫걸음입니다. 그리고 '(상대방이 실패한 이유 혹은 단점은) 사실이니까 있는 그대로 이야기해도 괜찮다'는 생각은 버리고, '사실이라도 그 말

을 들은 상대방이 어떻게 느낄지'를 먼저 떠올려보세요. 그게

중요합니다.

내 말이 백 퍼센트 옳다고 해서 상대의 마음을
잡을 수는 없다.

'내 의견이 절대적으로 옳다'는 생각

✳

옳고 그른 건 중요하지 않다

많은 사람들이 '토론'이란 것을 이기기 위한 싸움이라고 생각하는 경향이 있습니다. 마치 치킨게임처럼 '둘 중 하나는 이기고, 하나는 지는 것'이라는 풍조가 오히려 더 강해지는 것 같습니다. 예를 들어 회사에서 프로젝트를 진행하면서 'A안과 B안 중에 어느 것이 더 효과적인가?'를 논의하다 보면 서로 의견이 엇갈리게 되고 장단점을 이야기하면서 어느 한쪽을 선택해야 할 때가 많습니다.

또 가족이나 친구 사이에서 일상적인 이야기를 하거나 어떤 사건에 대한 의견을 나눌 때도 '네 말이 옳은지, 내 말이 옳은지'를 대결하는 구도로 대화가 흐르게 되면 어느 순간 싸움으로 번지거나 어느 한쪽이 기분이 나빠집니다. 비즈니스, 정치 등의 세계에서는 더더욱 상대방의 의견을 꺾고 내 주장을 관철하려는 풍조가 강합니다.

그런데 사실 대부분의 경우, 이기고 지는 싸움을 할 필요가 없습니다.

중요한 것은 '의견의 차이를 다양성으로 인정할 수 있는가'입니다.

애초에 인간이 나누는 그 모든 커뮤니케이션은 어느 한쪽이 일방적으로 틀린 것이 아니라 양쪽 모두 일리 있는 경우가 대부분이죠.

워싱턴 대학의 명예 교수이자 심리학자 존 가트맨(John M. Gottman) 박사는 '어른들 사이에서 일어나는 문제나 과제의 69퍼센트는 명확한 답이 존재하지 않는다'고 이야기한 바 있습니다. 즉 인간관계에서 일어나는 문제에는 수학 문제처럼 단 하나의 정답이 있는 게 아니라는 거죠. 이렇게 명확한 답이 없는 것에 대해 이야기하고 있는 것이기에, 옳고 그름을 따진다고 해서 명확한 결론이 나오는 게 아닙니다.

제 지인 중 한 명은 아내와 아이를 인터내셔널 스쿨에 보낼지 말지를 놓고 다퉜다고 합니다. 아내는 '어릴 때 인터내셔널 스쿨에 보내면 나중에 영어 때문에 고생하지 않아도 된다'고 주장했고, 지인은 '아직 모국어도 잘 못하는 아이에게 영어를 가르칠 필요가 없다'고 맞서며 의견이 팽팽하게 대립했다고 합니다.

이 사례에서처럼 '의견 차이'='서로를 부정하는 싸움'이 되는 경우가 많습니다. 서로 가치관이나 사고방식에 차이가 있는데 '각자 나름대로 자신이 옳다고 생각하는 정답'을 들이대기만 하면 싸움이 될 뿐입니다.

설령 어느 한쪽이 이기고 논쟁을 끝낸다고 해도 다른 한쪽에게는 반드시 원한이 남습니다. 그 자리에서는 어느 정도 해결이 되었다고 해도 또다시 의견이 엇갈리는 문제에 부딪히면 과거에 있었던 문제가 다시 드러나게 마련입니다.

✳

의견이 다른 것에 집중하지 말고
같은 목적을 찾아 공유한다

그렇다면 어떻게 해야 할까요? 우선 '의견 차이'='부정'이 아니라는 점을 인식하는 것부터 해봅시다. 사실 사람마다 의견이 다른 것은 너무나 당연한 일입니다. 상대가 나와 다른 의견을 낼 때 '저 사람은 왜 저러지?'라고 생각하기 이전에 '당연한 일이야'라고 받아들이는 거죠. 그러고 나서 해야 할 일은 바로 서로의 의견 차이를 이해하고, 목적을 공유하는 겁니다. 아니, 어쩌면 공유할 수 있는 목적을 찾는 것이라고 해야 할지도 모르겠습니다.

앞에서 예로 든 부부는 서로 의견이 다릅니다. 남편은 동네에 있는 일반 학교에 보내자, 아내는 영어를 배울 수 있는 학교에 보내자고 주장하죠. 의견이 다르더라도 두 사람이 공유하는 목적은 있습니다. 예를 들면 '아이가 즐겁게 쑥쑥 잘 컸으면 좋겠다', '안심할 수 있는 학교에서 즐거운 시간을 보냈으면 좋겠다' 등이겠죠. 먼저 두 사람이 같은 목적을 갖고 있다는 점을 이해하고, 여기에 초점을 맞추는 게 중요합니다.

그러면 서로가 싸워야 할 적이 아니라 아군이라는 것, 같은 목적을 공유하고 있는 한편이라는 걸 깨닫게 됩니다. 이 점을 이해했다면 그다음에는 상대방의 생각이나 어떻게 하고 싶은지를 물어보세요. 이렇게 서로 지향하는 '목적'을 공유한 후, 서로가 이해할 수 있는 지점을 찾는 과정이 중요합니다.

결국 제 지인은 목적을 공유하는 대화를 나눈 다음 영어를 배울 수 있는 학교를 몇 군데 견학해봤고, 결과적으로는 동네에 있는 일반 학교에 보내면서 영어를 체험할 수 있는 학원에 보내기로 결정했다고 합니다.

서로가 '옳고 그름'을 따지며 '이겼다 졌다'는 식의 논쟁은 감정만 소모될 뿐입니다. 내 의견을 관철시키는 것이 대화에서 이기는 게 절대 아니라는 걸 받아들이세요. 상대의 의견 중에도 나에게 도움이 되는 말이 분명 있을 겁니다. 그 점을 수용하면서 최선의 선택을 모색하는 방향으로 궤도를 수정하는 것이 바람직합니다.

이것만 기억하자!   상대방과 나의 의견이 다른 건 지극히 정상이다.

상대에 대한 '지나친 기대'

'저 사람은 나름대로 최선을 다하고 있다'는 마법의 말

누군가를 부정하는 것에도 여러 패턴이 있습니다.

상대가 나의 기대에 부응하지 않을 때도 그중 하나입니다. 원래 '기대하고 있다', '기대된다'는 표현은 긍정적인 말이죠. 그가 능력이 있고 그에 대한 믿음이 있기 때문에 기대하게 된 것일 겁니다.

하지만 그렇게 기대했던 사람에게 배신당하면 어떻게 될까요? 경우에 따라서는 분노를 터뜨리며 상대방에게 욕설을 퍼붓는 사람도 있습니다. 저도 예전에 팀원을 믿고 일을 맡겼는데 기대에 미치지 못하자 너무 화가 나서 이렇게 말한 적이 있습니다.

"프로 정신을 갖고 해야지!"
"혹시 일을 대충대충 하는 거 아니야?"

물론 저도 그 팀원을 부정할 생각은 없었습니다. 오히려 기대를 하고 있었으니까요. 그 친구도 어떻게든 저의 기대에 부응하려고 노력했을 겁니다. 하지만 결과적으로 제 기대에 미치지 못하자 배신감을 느낀 저는 그를 비난하고 말았습니다. 그로부터 몇 주가 지난 어느 날, 미국에서 프로 코치를 하는 친구와 대화를 나누었습니다. 자연스럽게 최근 팀원을 혼냈던 일에 대해 말하게 되었죠.

"그 친구 나름대로는 열심히 하는 거겠지. 근데 사실 내 맘에 들려면 아직 멀었어."

처음에는 '왜 그 팀원은 일을 잘 못할까?'에 대해 이야기를 나눴는데 이 말을 듣자 친구는 갑자기 무언가를 깨달은 듯 이렇게 말했습니다.

"겐타로, 이건 내 생각인데 그 팀원도 일부러 그러는 건 아닐 거야. 너를 괴롭히려고 일을 못할 리가 없잖아. 네 말대로 그 팀원은 자기 나름대로 최선을 다하고 있을 거야."

물론 그 팀원은 결코 불성실하거나 의욕이 없는 건 아니었습니다. 자기 나름대로 열심히 하고 있다는 건 딱 봐도 알 수 있었습니다. 다만 일하는 방식이나 접근 방식이 잘못되어 성과가 나오지 않았을 뿐이죠. 친구는 이렇게 덧붙였습니다.

"너의 기대치에는 영 미치지 못하더라도 그 팀원 나름대로 최선을 다하고 있다는 건 인정해줘야 하지 않을까?"

어찌 보면 당연한 이야기입니다. 하지만 비즈니스 세계에서 살아가다 보면 성과가 낮은 사람들을 나도 모르게 평가 절하하거나 너무 쉽게 부정해버리는 경우가 많습니다. 많은 사람들이 '그 친구는 일을 너무 못해!', '저 팀원은 빠릿빠릿하지 못해!'라고 너무 쉽게 단정 짓습니다. 찬찬히 따져보면 하나에서부터 열까지 모든 업무를 다 못하지는 않았을 텐데 말이죠.

치명적인 실수를 한다거나 하는 극단적인 경우를 제외하면 적어도 그 사람 나름대로는 최선을 다하고 있을 겁니다. 또 팀원의 부족한 부분을 알아채고 더 잘할 수 있게끔 도와주는 건 팀장의 업무입니다. 팀원의 업무 능력이 팀장의 기대에 미치지 못하는 건 당연하다는 거죠.

저는 프로 코치인 친구의 말을 듣고 깊이 반성했습니다. 그다음부터는 제 팀원이나 다른 직원들의 업무 능력이 '기대 이하'여도 바로 부정하지 않고, 습관적으로 다음과 같이 생각하기로 마음먹었습니다.

'저 사람은 저 사람 나름대로 최선을 다하고 있다.'

이 말을 주문처럼 외었습니다.

그때부터 저는 제 마음을 다스릴 수 있게 되었습니다. 그 이후로는 누군가가 업무상 기대에 미치지 못하더라도 화를 내거나 심한 말을 하지 않게 되었습니다.

✳

'내 사전에 비난하기란 없다'라고 결심하기

'그래도 일이니까 기대에 부응하는 건 당연하지. 그 사
람 나름대로 최선을 다하고 있으니까 이해하자는 사
고방식은 너무 안일한 거 아니야?'

물론 이렇게 생각하는 분들도 있을 겁니다. 이 말도 맞는
말이긴 하지만 한번 생각해보세요.

상대방에게 화를 낸 이후 건설적인 결과가 나온 적이 있나
요? 아마도 아닐 겁니다. 당신 앞에서는 죄송하다고, 더 열심
히 하겠다고 말해놓고는 이후로 성장하기는커녕 심리적으로
위축되거나 우울해져서 업무 효율이 더 떨어지는 경우가 많
았을 겁니다. 또 경우에 따라서는 회사를 그만둘 수도 있고요.

그래서 저는 여러분에게 한 가지 제안을 드립니다.

'상대방을 비난한다'라는 선택지는 과감히 버리는 게 어떨
까요? 즉 '내 사전에 비난하기란 없다'고 마음먹는 거죠.

'애초에 나 혼자 멋대로 상대에게 기대감을 품은 것이다'
라고 생각하면 됩니다. 그러면 상대방이 내 기대에 어긋나더
라도 당연한 일로 받아들이게 됩니다. 또 상대방의 업무가 내

기대에 미치지 못하면 먼저 나의 행동을 바꾸면 됩니다. 예를 들면 다음과 같습니다.

> '실제로 어떤 방식으로 일하고 있는지 물어본다.'
> '본인이 느끼는 문제를 들어준다.'
> '성과를 올릴 수 있는 방법을 같이 고민하고 과제로 삼는다.'

분노를 감정적으로 표출하는 것보다 '그럼 어떻게 하는 게 좋을까?', '무엇이 부족한 걸까?', '어느 수준까지 할 수 있을까?' 등을 고민하는 게 훨씬 더 건설적이고, 서로에게 도움이 될 겁니다.

이것만 기억하자!

'나는 잘했는데
상대방이 못해서 문제다'라고만 생각하면
당신은 영원히 외로울 수밖에 없다.

감정을 다 표출하면서
인간관계까지
좋을 순 없다

✳ 부정의 정당화, 그 너머에 있는 것을 생각한다

'저 사람은 저 사람 나름대로 최선을 다하고 있다.'

제가 이 말을 하면 반감을 품는 분들이 꽤 있는데 대개는
다음과 같이 이야기합니다.

"아니, 열심히만 한다고 해서 다 되는 건 아니잖아요.
일을 제대로 배워야 하니까 엄격하게 가르쳐야죠!"

네, 지당하신 말씀입니다. 그 뜻에 따라 "진짜 안 되겠네. 도대체 무슨 짓을 하는 거야?" 하고 꾸짖는 것도 하나의 선택지입니다. 그런데 이런 선택지를 택한 순간, 그 사람과 나의 관계는 돌이킬 수 없는 강을 건너는 것과 같다는 것은 꼭 예상해야 합니다.

> **"열심히 하는 건 알겠는데, 이 정도 실력으로 되겠어?"**

이렇게 상대방을 부정하는 대화, 논리적으로 '무조건 내가 옳다'는 걸 전제로 깔고 하는 말의 종착점은 어디일까요? 바로 마음의 단절입니다. 이 말을 듣자마자 상대방의 마음속에 당신이라는 사람의 자리는 사라집니다. 오로지 마음의 벽이 더욱 높아질 뿐이죠. 자신의 노력을 부정당한 상대방은 오히려 더 위축되어서 업무 능력마저 더더욱 떨어질 확률이 높습니다.

바로 이 때문에 당신이 하는 말이 옳은지 그른지 전혀 중요하지 않다고 한 것입니다. 당신의 말이 논리적으로 백 퍼센트 옳아도 상대방의 노력이나 존재 자체를 부정하는 건 문제를 해결하기는커녕 악화시킬 뿐입니다.

그것이 당신이 지향하는 바는 아니지 않을까요?

당신 역시 상대방과 좋은 관계를 맺고 싶고 일도 더 잘하고 싶은 거 아닌가요? 그러려면 적어도 상대를 벼랑 끝으로 몰아붙이는 일은 없어야겠죠. 그때그때 기분 내키는 대로 감정이 이끄는 대로 다 표출하고 살면서 인간관계까지 좋을 수는 없습니다.

✳ 엄격함만 추구하면 결국 인간관계는 파탄 난다

저는 일하면서 많은 리더들을 봤습니다. 그중에는 자신의 의견은 무조건 관철하고, 직원들에게 엄격하고, 주변 사람들의 의견은 아무래도 상관없다는 식의 독불장군 같은 리더나 경영자도 있었습니다. 이런 부류의 사람이 이끄는 조직은 얼핏 보기에는 기세 있어 보여서 좋을 것 같지만 처음에만 그렇습니다.

이렇게 엄격함만을 중시하면 처음에는 성과가 나올지도 모르지만 점점 구성원들 사이에 심각한 균열이 생기고, 결국에는 조직이 파탄 나는 경우가 많습니다. 저는 이런 흐름으로 결국에는 최후를 맞이한 조직을 많이 목격했습니다.

　일을 잘 못하는 사람에게 부정적인 말을 던지는 것은 사실 너무나 쉽습니다.

　전문 코치조차도 무심코 "지금 이대로는 잘 안 되니까 다른 식으로 한번 해볼까요?", "이게 좀 부족한 것 같은데요?" 등 말은 정중하게 하면서도 실제로는 상대방의 방식이나 실력을 부정하는 멘트를 던지는 경우가 종종 있을 정도입니다.

　만약 이런 경우가 생기더라도 "지금 ○○ 씨는 최선을 다하고 있잖아요"라고 한마디 덧붙이면서 상대의 마음을 이해하려고 해보세요. 이렇게 하는 것만으로도 대화의 물꼬가 트입니다.

　상대방을 부정하고 관계를 단절할 것인가. 아니면 그 사람의 노력이나 존재를 인정하면서 대화를 이어 나갈 것인가. 그것이 '어떤 미래를 만들고 싶은가?'를 결정한다고 해도 과언이 아닙니다.

이것만 기억하자!

상대방을 부정하고 관계를 단절할 것인가.
아니면 그 사람의 노력이나 존재를 인정하면서
대화를 이어 나갈 것인가.
그것을 결정하는 건 바로 나다.

인간관계를 망치는 주범, 우월감

✳ **비난하고 싶은 마음이 올라올 때 극약 처방**

"팀원한테 일을 맡겼더니 아주 개판으로 해놨더라고
요."

"남편한테 장 좀 봐오라고 했더니 엉뚱한 물건을 사왔
더라고요."

"아이한테 빨래 좀 개라고 했더니 엉망으로 해놨더라
고요."

"판매자한테 상품에 대해 물어봤더니 설명을 제대로
못하더라고요."

이렇게 말하는 사람들의 마음속에는 '어떻게 이렇게 쉬운 일을 못할 수 있느냐'는 힐난이 들어 있습니다.

"내가 했더라면 이미 다 끝났을 텐데, 아유 답답해!"
"욕실용 세제를 사오라고 그렇게 말했는데 주방 세제를 사온다는 게 말이 돼?"
"항상 내가 옷을 어떻게 개는지 다 봤으면서 어떻게 저럴 수가 있지?"
"월급 받고 일하면서 왜 저따위로밖에 못하지?"

속으로 이런 생각이 들다 보니 저절로 상대방에게 부정적인 말을 퍼붓게 되는 거죠. 그런데 이 네 문장 속에는 공통점이 하나 있습니다. 그게 뭘까요?

그것은 바로 '나는 할 수 있는데 너는 왜 못하니?'라는 거만한 태도입니다. 거만한 태도에는 '○○하는 건 당연하다', '○○해야 한다', '못하는 게 이상하다'라는 논리가 깔려 있습니다.

예를 들어 물건을 사러 갔다가 제대로 된 설명을 듣지 못했을 때 '나라면 손님한테 저 사람보다는 훨씬 더 잘 설명해줄 수 있을 것 같다'는 생각이 들 수 있습니다. 이때 중요한 건 상대방이 나보다 지식이나 경험이 부족해 보인다는 것입니다. 그러다 보니 무심결에 내가 더 잘났다는 우월감에 취하게 되고 거만한 태도가 나오는 거죠.

✳

언제든지 내가 약자가 될 수도 있다

그런데 곰곰이 생각해보면 내가 그 일에 조금 더 익숙할 뿐이지, 상대방보다 더 잘났거나 뛰어난 것은 결코 아닙니다.

설령 사장과 직원 사이, 팀장과 팀원 사이라고 해도 마찬가지입니다. 두 사람의 관계는 회사 안에서의 관계일 뿐입니다. 내가 팀장이라고 해서 팀원보다 더 우월한 인간이기 때문에 그 자리에 있는 것은 아닙니다.

특히 요즘에는 나이가 어린 직원들이 베테랑 직원들보다 IT 소프트웨어나 SNS에 더 능숙한 경우가 많습니다. 그럴 경우 팀장이 오히려 팀원에게 뭔가를 배워야 하는 입장으로 바뀌는데 그럴 경우에는 한순간에 권력관계가 뒤집힙니다. '내가 상대방보다 더 잘 안다'는 생각은 그래서 위험합니다. 언제든지 내가 약자의 입장에 처할 수도 있기 때문이죠.

그러므로 상대가 일을 제대로 못할 때도 다음과 같이 행동하는 게 좋습니다.

잘하고 있는 점부터 인정한다.
그 사람은 자기 나름대로 최선을 다하고 있다고 생각한다.
다음에는 더 잘할 수 있도록 내가 먼저 부탁(의뢰)하는 방법을 바꿔본다.

먼저 속으로 '저 사람은 나름대로 최선을 다하고 있다'라는 마법의 주문을 왼 다음 마음을 차분히 가라앉히세요. 그러고 나서 타인이 아닌 나 자신의 행동에 초점을 맞추세요. 이때 과거형이 아닌 미래형 문장으로 다짐해봅니다.

'업무 상황을 매번 확인하고 진행시키자.'
'필요한 세제의 상품명을 정확하게 메모해서 건네자.'
'옷 개는 방법을 자세히 알려주고 맡기자.'
'이 상품에 대해 잘 아는 사람이 있다면 자세히 물어보고 싶다고 요청하자.'

이렇게 하면 부정이나 비난으로 시간을 보낼 틈이 없어집니다. 앞으로 내가 취할 행동에 에너지를 모으게 되기 때문에 건설적인 발상으로 이어질 확률이 훨씬 높아지는 거죠.

이것만 기억하자!

습관적으로 누군가를 비난하고 있다면?
주어를 상대방이 아니라
'나'로 해서 앞으로 할 일에 대해서만 말해본다.
'나는 앞으로 ~~해야겠구나.'

부정하지 않아도
웃길 수 있다

✳

부정을 전환하는 테크닉을 써라

페코파ペこぱ, 콤비명은 한국어 '배고파'에서 따온 거라고 밝힌 바 있다−옮긴이라는 개그맨 콤비를 아시나요? 2019년 M-1 그랑프리일본에서 가장 재미있는 만담꾼을 가리는 대회−옮긴이에서 각광을 받은 만담가 슈페이(シュウペイ)와 쇼인지 다이유(松陰寺太勇)가 팀을 이루고 있습니다. 만담을 할 때는 기본적으로 쇼인지가 딴지를 거는 역할인데, 이 딴지가 독특합니다. 절대 부정하지 않는 화법을 쓰기 때문입니다.

보통 만담에서는 한 명이 엉뚱한 말이나 우스꽝스러운 몸

짓을 하면 나머지 한 명이 "뭐라카노!", "그럴 리가 있겠냐?" 하고 딴지를 겁니다. 일본에서는 전자를 '보케惚け', 후자를 '쏫코미突っ込み'라고 부른다―옮긴이 전자가 비상식적인 모습을 보이면, 후자가 그걸 부정함으로써 웃음을 유발하죠. 이것은 만담의 오래된 법칙입니다.

그런데 쇼인지는 딴지를 걸 때 상대방에게 부정적인 말을 하지 않습니다. 그는 엉뚱한 말을 하면 딴지를 건다는 만담의 오래된 법칙을 전복시켰습니다. 가히 혁명적인 개그를 선보인 겁니다. 그는 상대방에게 딴지를 거는 것 같으면서도 사실은 자기 자신에게 딴지를 겁니다. 그래서 일부에서는 '부정할 듯 부정하지 않는 엉뚱한 개그 스타일'이라고 표현하기도 합니다.

이해를 돕기 위해 그들의 만담 내용을 조금만 발췌해볼게요.

> "어디를 보고 운전하는 거야! 이렇게 말할 수 있는 지금 이 순간 무사해서 다행이다."
> "모르겠다고? 그럼 내가 알려주지 뭐."
> "넌 나쁜 놈이지만 너를 나쁘게 만든 건 이 세상이니까 너는 그렇게 나쁘지 않아."

"일어서! 안 일어설 거면 내가 앉으면 되지 뭐."

부정하는 화법을 쓰지 않으면서도 웃길 수 있다는 게 신기하지 않나요? 사람들은 이 두 사람의 만담에 푹 빠졌고, 이들은 하루아침에 인기 스타가 되었습니다.

약간 달리 표현하자면 이들은 상대를 너무 쉽게 부정하는 언어 습관을 역이용해서 웃음을 유발하는 데 성공한 거라 할 수 있습니다.

✳

'~일 수도 있다'는 가능성을 남기는 사고법

페코파 콤비의 대화는 부정하지 않는 마인드를 기르는 데도 큰 도움이 됩니다. 물론 매일 화만 내던 팀장이 어느 날 갑자기 페코파식 화법을 쓰면 팀원은 '아니, 오늘 뭐 잘못 먹은 거 아니야?'라고 생각하겠죠. 실제 말로 하는 게 어색하다면 일단 속으로 혼잣말부터 해보는 것도 좋습니다.

"○○ 씨, 제 말 제대로 알아들었어요? 이렇게 못 알

아듣는 걸 보면 나의 전달 방식이 잘못된 걸 수도 있
겠지."
'저 친구의 의견이 잘못됐다고 생각하는 내가 잘못된
걸 수도 있다.'

이렇게 혼잣말을 시작하다 보면 부정하지 않는 마인드가
길러집니다. 혹시 이 글을 읽고 있는 당신은 '개그맨의 말은
그저 레퍼토리일 뿐이다. 그런 걸 따라 하는 건 현실적이지
않다'고 생각할지도 모릅니다.

하지만 이 마인드의 본질은, 절대적인 정답을 만들지 않
고 '~일 수도 있다'는 또 다른 가능성을 남겨두는 것입니다.
'~일 수도 있다'는 생각이 상대방을 부정하지 않는 마인드의
출입문인 거죠.

왜냐하면 우리가 누군가를 부정하는 이유는 '내가 옳다'고
생각하기 때문입니다. 그 생각을 의심하는 말이 '~일 수도 있
다'입니다. '내 생각이 맞는 걸까?'라고 의심해보는 것이 상
대방을 부정하지 않는 첫걸음입니다.

만약 팀장을 비롯해서 회사의 대표 및 임원들이 기본적으
로 이런 마인드를 갖고 있다면 무슨 일이 벌어질까요? 어떤
신입 사원이 여태껏 한 번도 도전해보지 않았던 획기적인 아

이템을 기획안으로 올렸을 때 바로 퇴짜 맞는 일은 없어질 겁니다. 그러면 그 회사 혹은 조직은 훨씬 더 역동적인 분위기로 바뀔 것입니다.

팀장 입장에서 페코파식으로 속마음을 표현하자면 이렇습니다.

'네 제안이 터무니없다고 생각하는 지금 이 순간, 내 상식이 낡은 건지도 모른다!'

'내가 틀릴 수도 있다'는 걸 인지하고 있는 사람은 매력적일 수밖에 없다.

세계관이
넓어질수록 쉽게
부정할 수 없게 된다

✳

시선을 넓히면 부정적인 생각을 하기 어렵다

상대방을 부정하지 않는 마인드를 갖고 싶다면 다음과 같이
생각해보세요. 큰 도움이 될 겁니다.

'내 생각을 관철하고 싶은 마음이 강해서 시야가 좁아
진 건 아닐까?'
'혹시 나는 너무 좁은 세상의 상식에 얽매여 있는 게 아
닐까?'

예를 들어 신입 사원으로 입사한 후 오랫동안 한 회사에서만 근무한 사람은 어느새 그 회사의 상식이 몸에 배어버리죠. 그래서 모든 것을 그 상식을 기준으로만 판단합니다. 그런 사람이 어느 날 다른 회사나 다른 업계 사람들과 대화를 나누다 보면 눈이 번쩍 뜨일 만큼 놀라운 경험을 하게 되는 거죠.

시야를 넓히는 연습은 생각보다 어렵지 않습니다. 예를 들어 TV에서 뉴스나 정보 프로그램을 볼 때, 그 뉴스나 주제를 다른 관점에서 바라보는 습관을 들이는 겁니다. 이것이 좋은 연습이 됩니다. 만약 물가가 폭등하고 있다는 보도가 나온다면 '소비자 입장은 눈곱만큼도 고려하지 않는다!'는 감정은 잠시 내려두고 '왜 이런 일이 벌어지고 있는가'를 생각해보세요.

> '자유주의나 자본주의가 좋다고 하는데, 사회주의에는 어떤 장점이 있을까?'
> '얼간이 개그맨(애정을 담아 그렇게 불러주세요)이라고 불리는 희극인들은 사실 그것을 연기하기 위해 뒤에서 엄청나게 공부하고 연구하고 있겠지?'

이렇게 의식적으로 다른 관점에서 바라보는 겁니다. 주제나 관점은 무엇이든 상관없습니다. 중요한 건 감정을 배제하고 다른 관점에서 사물을 바라보는 힘을 기르는 겁니다.

그러면 방송에서 '얼간이 개그맨'이라고 불리는 사람이 달리 보일 수도 있습니다. 이를테면 '어머? 이 사람 알고 보니 시청자 입장에 서서 정말 용감하게 발언하는 거였네'라는 새로운 관점을 발견할 수 있죠.

✳

침착하게 의문형으로 모든 일을 바라보는 습관

새로운 관점을 갖게 되면 어떤 점이 좋을까요? 가장 큰 장점 중 하나는 '나는 옳다', '나는 틀리지 않았다'는 확고한 신념을 버릴 수 있다는 점입니다. 어제까지 당신이 옳다고 믿었던 것도 시대의 변화나 새로운 경험, 소속된 회사·커뮤니티가 바뀌는 등 환경의 변화에 따라 생각이 바뀔 수 있습니다.

'그렇긴 한데 역시 다르게 볼 수도 있겠구나.'

항상 이런 생각을 갖고 있으면 우리는 상대방을 쉽게 부정하지 않는 습관을 기를 수 있습니다. 이것은 우리가 부정을 하는 가장 큰 원인인 '상대는 틀렸고, 나는 옳다'는 생각을 버려야 가능해집니다.

그렇게 하기 위해서는 어떤 일이 벌어졌을 때 나의 생각을 의문형으로 바꿔보는 것도 좋은 방법입니다. 예를 들어 상대방이 짜증스럽고 불평 가득한 말을 던졌을 때를 가정해봅시다. 이때 '저 사람 말투 진짜 못쓰겠네!' 하고 단정 짓지 말고 '왜 저 사람은 저런 말투를 쓸까?' 하고 침착하게 의문형으로 바꿔보세요.

그러다 보면 당신의 마음속에 작은 호기심이 생길 겁니다. 그 호기심을 놓치지 말고 계속 발전시켜 나가세요. 그러다 보면 마침내 상대방의 말과 행동에는 그럴 수밖에 없는 뜻밖의 이유나 사정이 있다는 걸 깨닫게 될지도 모릅니다. 저는 이것을 '숨어 있는 호기심'이라고 부릅니다. 또한 사람들에게 항상 이 '숨어 있는 호기심'을 가져보라고 권하고 있습니다.

이것만
기억하자!

분노나 불평불만을 말하기 전에
습관적으로 '왜 이런 일이 벌어졌을까?'를
생각해보자.

인간관계에서도
팩트 체크가
필요하다

✳

부정적인 생각으로 시야가 좁아지면
중요한 게 보이지 않는다

어떤 일이든 부정적으로 생각하면 시야가 좁아지고, 쓸데없는 걱정이나 고민을 하게 마련입니다. 특히 피곤하거나 긴장할 수밖에 없는 환경에 처한 사람은, 인간관계의 스트레스 내성이 약해졌을 수도 있습니다. 따라서 상처받지 않도록 주의해야 합니다.

제 고객 중 한 명인 리에(가명) 씨의 사연입니다. 그녀는 어느 날 저에게 이런 고민을 털어놓았습니다.

"주변 사람들이 다 저를 싫어해서 회사를 그만두려고
요."

그전에 저는 리에 씨와 여러 번 대화를 나눴습니다. 그때까
지 나눈 대화로 유추해보면 주변 사람들이 그녀를 싫어하는
것 같지는 않았죠. 저는 그렇게 생각하면서도 일단 그녀의 이
야기를 끝까지 들었습니다. 요지는 자신이 의견을 말해도 주
변에서 인정해주지 않는다는 것이었습니다. 그런 일이 반복
되다 보니 그녀는 '주변 사람들이 나를 싫어한다'는 착각에
빠진 것 같았습니다. 저와 리에 씨의 대화는 이렇게 이어졌습
니다.

"제 의견을 말해도 될까요?"
"그럼요."
"제가 보기엔 사람들이 리에 씨를 싫어하는 것 같지 않
아요……."
"아니에요. 정말 다들 절 싫어해요!"
"저는 리에 씨를 좋아해요(웃음). 그런 의미에서 엄밀
히 말하면 모두가 그런 건 아니죠?"
"그렇기는 한데, 회사에서는 다들 절 싫어하는 것 같

아요."

"그래요? 혹시 회사 사람들이 몇 명이나 돼요? 그리고
그중에서 몇 명이나 리에 씨를 싫어하는데요?"

"음, 몇 명인지는 모르겠는데 모두 다 그런 것 같아요."

"그렇군요. 리에 씨 입장에서는 충분히 그렇게 느낄 수
도 있어요. 우선 정확한 사실을 알고 싶은데. 얼마나
많은 사람들이 리에 씨를 싫어하는지 알려줄 수 있을
까요?"

"그건 잘 모르겠는데요."

"그러면 모두 다 싫어한다는 건 추측일 수도 있겠네
요?"

"음, 네. 그럴 수도 있어요."

"제 생각을 말씀드려도 될까요?"

"네."

"제가 객관적으로 봤을 때, 모두가 리에 씨를 싫어하는
건 아니에요. 저는 리에 씨 말고도 이 회사의 다른 많
은 분들이랑 같이 일해봤잖아요. 그런데 그런 이야기
를 들어본 적이 없어요. 그렇다면 아직은 회사를 그
만둘 때가 아닌 것 같아요."

리에 씨는 이 대화에 설득되어 지금도 회사에서 자신의 목표를 이루기 위해 열심히 일하고 있습니다.

✳

'나의 인식은 사실인가?'를 생각한다

리에 씨의 사례처럼 부정당한다고 느끼는 사람은, 한 번쯤 그것이 사실인지 되짚어보는 게 좋습니다. 사람들은 어떤 일이 발생하면 자기 멋대로 의미를 부여하거나 '다 나를 싫어하기 때문에 이런 일을 당한 거야'라고 과잉 해석하곤 합니다. 그런데 대부분의 경우 혼자만의 착각일 뿐입니다. 여기서 중요한 건 사실만을 '사실'로 받아들이는 것입니다.

예를 들어 내가 말을 걸었더니 상대방이 무뚝뚝한 반응을 보였다거나 항상 귀찮은 일을 떠넘긴다고 해도, 그 이유가 나를 싫어하기 때문이라고 단정해서는 안 됩니다.

팀장님이 귀찮은 일을 나에게 떠넘겼다.
　　→ **팀장님은 원래 나만 미워한다.** (×)
팀장님이 귀찮은 일을 나에게 떠넘겼다.

→ 팀장님이 귀찮은 일을 나에게 떠넘겨서 짜증이
난다. (○)

이렇게 현실에서 일어난 일, 그리고 실제로 내가 느끼는 것
만을 사실로 받아들이는 것입니다. 추측은 금물, 사실 그 이
상도 그 이하도 생각하지 않는 게 좋습니다.

그리고 내가 느끼기에 싫거나 화가 나거나 짜증이 난다면
일단 상대방과 제대로 된 대화를 나누는 게 좋습니다. 상대방
에게 화를 내거나 짜증을 내라는 말이 아닙니다. 싫다면 싫다
는 의사 표현을 정확하게 하거나 거절 의사를 정확하게 밝히
는 시간을 가져야 한다는 말입니다.

무뚝뚝한 반응을 보였다.
→ 나를 싫어한다. (×)
무뚝뚝한 반응을 보였다.
→ 무뚝뚝한 반응을 보였다. (○)

이것도 마찬가지입니다. 상대방이 무뚝뚝한 반응을 보였
다고 해서 나를 싫어한다고 단정 지어서는 안 된다는 말입니
다. 우선은 팩트 체크를 해보세요. 그리고 추측이라는 기름기

는 빼고 우선 사실만 받아들이면 됩니다.

상대방의 반응을 부정적으로 해석하다 보면 시야가 좁아져서 금세 깊은 착각에 빠지기 쉽습니다. 그렇게 되면 제대로 된 정황을 파악하지 못하게 됩니다. 객관적인 사실을 파악하는 능력이 퇴화하면 마음속 고민은 점점 더 커지기 때문에 각별히 주의해야 합니다.

사실과 추측을 구분하는 능력.
만약 이 능력만 갖추어도 인간관계에서 생기는
불협화음의 상당 부분은 사라질 것이다.

매사에
부정적인 사람,
손절하는 게 좋을까?

✳ 걸러 듣는 능력을 키운다

"아무리 부정적인 말을 하지 않으려고 해도 상대방이
부정적인 말을 꺼내면 저도 어쩔 수가 없어요."

이쯤 되면 이렇게 반문하는 분들이 꼭 나옵니다. 부정적인
말을 한다고 해서 그 모든 사람들을 손절할 수는 없는 노릇인
데 어떻게 대처하면 좋을까요? 저는 이런 질문을 받을 때마
다 소쿠리를 떠올리라고 권합니다. 소쿠리는 물기를 뺄 때 쓰
는 조리 기구입니다.

상대방이 나를 부정하거나 좋지 않은 이야기만을 늘어놓을 때, 모든 것을 있는 그대로 흡수하면 우울해질 수밖에 없습니다.

그러므로 이때는 구멍이 숭숭 나 있는 소쿠리에 상대방이 한 말을 걸러낸다고 상상하면서 흘려보내세요. 그러면서 나에게 도움이 되는 말, 필요하다고 생각되는 말만 남겨두면 됩니다. 이 연습은 필요한 정보와 필요 없는 정보를 구분하는 능력을 키운다고 생각하면 좋습니다.

부정적인 말, 욕설, 질책 등 나에게 필요 없는 정보는 물에 씻겨서 흘려보내고, 배울 점이나 깨달음을 주는 정보는 소쿠리 안에 남겨두었다가 내가 맛있게 먹는다고 상상하면 좋겠습니다.

✳

부정적인 사람이라면 다 손절하는 게 좋을까?

또한 너무 부정적인 사람과는 되도록 거리를 두는 것도 방법입니다. 만약 열 번 중에 아홉 번 이상 나쁜 점만 골라내어서 말하는 사람이 있다면 굳이 친하게 지낼 필요는 없겠죠. 그런데 그 사람이 가족이나 동료, 상사 등 당장 거리 두기가 힘든 사람이라면 관계 유지를 위해 최소한의 접촉만 한다고 생각하세요.

> "상대방이 부정적이긴 한데 또 좋을 때는 좋은 사람이면 어떡하죠? 더 이상 손절할 사람도 없어요."

코로나 19 이후 인간관계의 폭이 좁아지면서 이렇게 호소하는 분들도 많아졌습니다. 사실 완벽한 사람은 이 세상에 없기 때문에 약간 부정적이라고 해서 다 손절해버리면 주변에 사람이 남아나질 않겠죠. 그래서 저는 한 가지 기준을 제시하고 싶습니다. 그 사람과의 관계를 통해 내가 도움을 받고 있다는 게 분명하다면(정신적으로든 물질적으로든) 서로 상처받지 않는 대화를 하기 위해 꾸준히 노력해야 한다는 겁니다. 만약 도움을 받기는커녕 만날 때마다 상처만 받고 골치만 아프다면 더 생각할 필요는 없겠죠.

관계 유지를 위해 최소한의 접촉만 한다.
상대방이 부정적인 말을 꺼내기 전에 긍정적인 말을 유도하는 화제를 던진다.

상대방이 좋아할 만한 활동을 함께 한다.

상대방이 뭐라 하든 내가 먼저 부정적인 언행을 하지
않는다.

부정적인 사람과 손절하지 않으면서도 내가 부정적인 사람이 되지 않기 위해서는 이렇게 많은 노력이 필요합니다. 물론 그 과정이 결코 쉽지 않고 근본적으로 사람이 잘 바뀌지는 않습니다. 하지만 중요한 건 내가 먼저 부정하지 않는 사람이 되면 상대방도 그런 내 모습을 알아차리고 조금씩 변화할 수 있다는 사실입니다. 인간관계의 기본은 거울의 법칙이기 때문이죠.

중요한 건 내가 먼저 상대를 부정하지 않는 것입니다. 앞서 마음의 소쿠리를 장착하라고 조언드렸는데, 나에게 그 소쿠리가 있다고 해서 다른 사람들이 모두 나 같지는 않습니다. 상대방에게 마음의 소쿠리가 있을 거라고 지레짐작하고 부정적인 말을 던져서는 안 된다는 거죠.

특히 당신이 리더이고 상대방보다 사회적으로 우위에 있는 입장이라면 더더욱 그렇습니다.

"월급 받고 일하면서 그 정도는 당연히 할 수 있어야

지!"

　이런 화법으로 상대방을 질책하는 건 과거에는 통용됐지만 지금은 아닙니다. 부정적이고 엄격한 기준으로 평가하고 비난하는 투의 화법은 상대방을 심리적으로 무너뜨리는 결정적 한마디가 될 수 있다는 걸 명심하세요.

내가 먼저 부정하지 않는 사람이 되면
상대방도 그런 내 모습을 알아차리고
조금씩 변화할 수 있다.
세상 모든 것은 거울의 법칙이라는 것을 기억하자.

3장

내 곁에 사람을 남기는 대화 기술

상처받지 않는 대화를 위한 11가지 화법

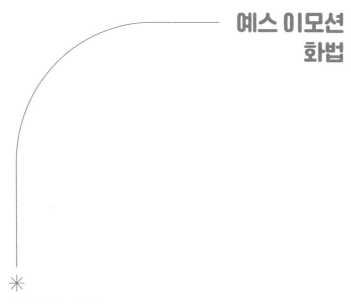

예스 이모션
화법

예스 벗 화법이 효과적이지 않은 이유

예스 벗(yes, but) 화법은 부정하지 않는 대화법으로 잘 알려져 있습니다. 그런데 문제는 이 화법을 실제로는 거의 쓸 수 없다는 사실입니다. 예스 벗 화법은 상대방의 이야기나 의견에 일단 수긍한 다음 '근데 말이야', '그렇기는 한데', '하지만', '그렇다고 해서' 등 부정하는 말을 덧붙이는 것입니다.

반박하고 싶을 때 부드럽게 부정하는 방법이죠. 일종의 부정 완화제라고 할까요? 하지만 이 화법은 상대방의 이야기를 부정한다는 점에서는 변함이 없습니다.

물론 처음부터 '그건 아니지', '그렇지 않아'라고 단호하게 거절하는 것보다 낫다고 생각할 수도 있습니다. 그런데 실제로는 효과가 없다는 게 가장 큰 문제입니다.

그 이유는, 예스 벗 화법을 쓰려고 하는 사람일수록 긍정하는 말을 짧게 표현하기 때문입니다.

"그렇긴 하지."

딱 이 한 마디만 하고 바로 "근데 말이야"로 넘어가는 경우가 많습니다. 이 때문에 상대방은 자신의 의견을 수긍해줬다고 느끼지 않습니다. 우리는 일상생활에서 습관적으로 이런 말을 하는 모습을 심심찮게 볼 수 있습니다. 어느새 부정의 뜻을 내비치는 대화를 시작하면서 상대방에게 선전포고를 하는 거죠.

그렇다면 어떻게 해야 할까요?

최근에는 긍정한 다음에 부정하지 않는 예스 앤드(Yes, and) 화법이 일반화되고 있습니다. 그런데 제가 추천하고 싶은 것은 상대방을 더 기분 좋게 만드는 예스 이모션(yes, emotion) 화법입니다. 이것은 제가 독자적으로 개발한 것으로, 긍정의 말과 더불어 긍정적인 감정을 전달하는 화법입니다. 예를 들어볼게요.

"일, 열심히 하는 모습 보니까 진짜 든든하다."

"시험 점수가 잘 나왔구나, 정말 잘됐다."

"머리 잘랐네, 엄청 잘 어울린다. 산뜻해 보여."

이렇게 긍정하면서(yes) 내가 느끼는 긍정적인 감정 (emotion)을 전달하는 것이 이 화법의 공식입니다. 이렇게 말 하면 상대방의 인정 욕구를 충족시킬 수 있으므로 관계가 좋은 방향으로 나아갑니다. 그러고 나서 자신이 전하고 싶은 의견을 이야기합니다. 그것이 동조하는 의견이든 상대방과 다른 의견이든 상관없습니다.

✳

감정이 담기지 않을 때에는 사실만으로 멈춰라

다만 사용법에 주의해야 할 때도 있습니다.

상대방이 머리를 잘랐는데, 빈말이라도 잘 어울린다고 말할 수 없을 때는 어떻게 해야 할까요? 이때 예스 이모션 화법을 잘못 쓰면 진심이 담겨 있지 않기 때문에 상대방은 빈정거린다고 받아들일 수도 있습니다.

이럴 때는 '사실'만 말하고 멈춰야 합니다. 이 화법을 잘 쓰는 사람이 탤런트 타모리(タモリ)입니다. 예전에 출연했던 점심 방송에서도 게스트가 나오면 그는 제일 먼저 이런 말을 하는 경우가 많았습니다.

"머리 자르셨군요."

이렇게 사실을 있는 그대로 말하는 거죠. 그 사실에 대한 자신의 감정은 드러내지 않습니다. 그러면 신기하게도 상대는 자신이 하고 싶은 이야기를 털어놓습니다. 예를 들면 "네, 이 헤어스타일 엄청 마음에 들어요", "머리를 너무 짧게 잘라서 속상해요"라는 식이죠.

이 화법은 업무에서도 쓸 수 있습니다. 당신이 팀원에게 다음과 같이 말했다고 가정해보세요.

"A사, 프레젠테이션 끝났어요?"

잘했는지 못했는지를 묻는 게 아니라 그냥 팩트에 대해서만 질문하는 겁니다. 그러면 그 팀원은 본인이 알아서 이런저런 말을 덧붙이며 더 깊이 있는 정보를 전달해줄 겁니다.

"제가 할 수 있는 건 다했어요. 나머지는 하늘에 맡겨
야죠."

"좀 망한 것 같아요. 다음 주에 B사에 하는 프레젠테이
션은 진짜 열심히 할게요."

이렇게 답하는 과정에서 팀원 스스로 결과가 좋은지 나쁜
지, 개선점은 무엇인지를 깨닫는 계기가 됩니다. 그러니까 꼭
시도해보세요.

예스 이모션 화법

긍정(yes)
+
긍정적인 감정(emotion)을 전달한다.

"와! 오늘도 열심히 했네요~."
(yes)

+

"열심히 하는 모습을 보니 정말 든든하네요."
(emotion)

침묵을 대화로
활용하는 방법

※
척수 반사가 부정을 만든다

상대방을 부정하지 않기 위해 쓸 수 있는 중요한 기술 중 하나가 대답하기 전에 브레이크를 거는 것입니다. 대화에서 브레이크를 건다는 말은 우선 침묵한다는 뜻입니다.

'부정하지 않는다'를 다른 말로 하면 '상대방의 의견, 생각, 말을 받아들인다'는 것입니다.

대화에서 일어나는 트러블의 대부분은 상대방의 입장은 생각하지 않고, 반사적으로 되받아치는 데서 시작합니다. SNS에서 일어나는 문제가 그 상징입니다. 상대방의 SNS에

악플을 다는 사람은, 당사자의 마음이 어떨지는 생각하지 않습니다. 그것에 대한 고민이 없기 때문에 그저 직관적이고 반사적인 글을 남기는 거죠. 만약 당신이 반사적인 커뮤니케이션을 하고 있다면 우선 적극적인 침묵을 습관으로 들이는 게 첫 번째 할 일입니다.

무심코 반대 의견을 반사적으로 내기보다는 우선 브레이크를 걸고 침묵을 선택하세요. 그러고 나서 상대방의 상황과 감정을 이해해봅니다. 이렇게 하면 무심코 부정하는 일이 훨씬 줄어듭니다. 디즈니 영화 〈밤비〉에는 토끼 덤퍼가 아버지에게 들은 어떤 가르침이 등장합니다.

> **"좋은 말을 해주지 않을 거면 차라리 아무 말도 하지 마."**

이때의 침묵은 금입니다. 침묵에는 여러 가지 뜻이 있지만 이런 상황에서 침묵한다는 건 말을 많이 하는 것보다 훨씬 더 가치가 있다는 걸 기억하세요.

※

'말하고 싶은 욕망'은 도둑질과 같다

언뜻 보기에는 말하지 않고 침묵하기만 하면 되니까 쉬울 것
같죠. 그런데 침묵하는 것은 생각보다 어렵습니다. 상담을 들
어줘야 하는 입장인 전문 코치 중에서도 클라이언트의 말을
진득하게 듣지 못하고, 자꾸만 자기 얘기를 늘어놓는 사람이
있을 정도로 침묵은 힘듭니다.

제가 처음 코칭을 배울 때에도 강의하는 분이 입이 닳도록
강조한 게 있습니다.

"지금 내가 하는 말이 꼭 필요한 말인가? 항상 스스로에게
이 질문을 던지세요."

'지금이 정말 내가 말할 타이밍인가?'
'내가 말하고 싶은 충동에 이끌려 혼자 떠들고 있는 건
아닐까?'

이 점을 명심하라는 것입니다. 다시 말해 내가 말하고 싶은
욕망에 이끌려 불필요한 말을 늘어놓고 있는 건 아닌지 침착
하게 생각해보라는 말입니다.

저는 종종 '말하고 싶은 욕망'을 도둑질에 비유합니다. 우리는 말하고 싶은 충동에 휩싸여서 무심결에 할 말을 다 하기는 하지만, 뭔가를 갖고 싶다고 해서 무심결에 물건을 훔치지는 않습니다. 도둑질은 범죄이므로 '욕망'이 있다고 해서 다 '행동'으로 옮기지는 않죠. 말하고 싶은 욕망도 마찬가지라고 생각해보세요. 하고 싶은 말이라고 해서 무심코 다 퍼붓는 것은 도둑질을 하는 것과 똑같습니다.

한 제과업체 부장님의 사례를 소개하겠습니다. 그는 자신이 주도하지 않으면 일이 제대로 돌아가지 않는다는 생각에 직원들과 회의할 때도 본인이 대화의 90퍼센트를 독점하면서 지시 사항만 내리는 리더였습니다. 당연히 직원들은 그와 대화하기를 꺼렸고 요리조리 피해다니는 것이 일상화되어 있었습니다.

그의 이야기를 듣고 분위기를 파악한 저는 우선 적극적으로 침묵할 것을 제안했습니다. 회의 때도 그렇고 평소에 직원들과 함께 있을 때도 먼저 말하지 말고 우선 듣기만 하라고 권했습니다. 그런데 제가 권한 대로 실천한 후, 그의 일상에는 큰 변화가 찾아왔습니다. 평소에는 자신을 피해다니기만 하던 직원들이 완전히 태도가 바뀌어서 먼저 다가와 적극적으로 의견을 냈던 것입니다.

"그동안 입을 꾹 다물고 있던 직원이 의외로 재미있는
의견을 내서 정말 깜짝 놀랐습니다."

"아 그러셨군요. 직원들이 더 많은 의견을 내게 하려면
어떤 질문을 하는 게 좋을까요?"

"글쎄요. 아, 우리 회사 과자 중에서 뭘 가장 좋아하는
지 물어보고 싶은데요."

저와 이런 대화를 나눈 이후 이 부장님은 직원들과 면담할
때 정말 이 질문을 했다고 합니다.

그랬더니 직원들은 여태까지 상사에게 그런 종류의 질문
은 받아본 적이 없다면서 매우 즐거운 표정으로 봇물 터지듯
아이디어를 늘어놓았다고 합니다.

당연한 이야기지만 자신의 의견을 궁금해하고 진심으로
들어주는 상대에게 사람들은 기꺼이 마음을 엽니다. 자신이
알고 있는 귀한 정보나 아이디어도 그런 사람에게 스스럼없
이 털어놓는다는 걸 잊지 마세요.

✳

상대방의 이야기가 끝나면 2초를 센다

이제 상대방의 말을 경청하기로 마음먹었다면, 이야기가 끝날 때까지 침묵을 지키는 것을 가장 중요한 원칙으로 삼아야 합니다. 그런데 중간에 몇 번이나 말을 가로막고 싶어질 수도 있습니다. 바로 그때가 인내심을 발휘해야 하는 순간입니다. 상대방의 말을 자르면 도로 아미타불입니다.

이야기를 가로막는 순간, 그것은 이미 상대방을 부정한 것이나 마찬가지라고 생각해보세요.

그러면 다음 스텝으로 넘어가겠습니다.

상대방이 하고 싶은 이야기를 다한 것 같으면 그때부터 최소한 2초간 침묵하는 겁니다.

머릿속으로 '하나, 둘, 셋' 하고 숫자를 세는 것도 좋습니다.

왜 2초 동안 침묵해야 할까요? 사람이 계속 말하고 싶은 충동을 억누르다 보면 이제나저제나 상대방의 이야기가 끝나기만을 기다리게 됩니다. 그리고 상대방의 이야기가 끝나기가 무섭게 자신이 하고 싶었던 말을 내뱉게 되죠. 그런데 이때 하는 말은 부정적인 것일 확률이 매우 높습니다. 이런 대화를 나눴던 기억, 떠오르지 않나요?

그러므로 이럴 때는 스스로 그 열기를 냉각하는 시간이 약 2초 필요합니다.

중요한 것은 머릿속으로 숫자를 세는 행위입니다. 의식을 그쪽으로 향하게 하는 게 중요합니다. 숫자를 세는 동안, 내가 하는 말이 상대방에게 부정적으로 들리지 않을지를 냉철하게 판단하는 거죠. 물론 '2초 만에? 안 될 거 같은데'라고 생각하는 분은 5초라도 상관없습니다. 단 한순간이라도 의식적으로 생각하는 시간을 갖는 게 중요합니다. 상대방의 말에 반사적으로 부정적인 반응을 하지 않도록 말이죠.

이때 2초는 상대방의 말을 부정하지 않기 위해 대비하는 시간이라고 생각하면 됩니다. 말하자면 '분노 관리(anger management)'와 같은 개념입니다.

상대방의 이야기를 듣고 있다가 불쑥불쑥 화가 치밀어 오를 때. 분노에 휩싸인 채 말을 내뱉게 되면 상대방과의 관계는 돌이킬 수 없는 지경에 이를 수 있습니다. 연인 사이에서 이런 일이 계기가 되어 헤어지는 것은 매우 흔한 패턴이 아닐까요? 그러므로 단 몇 초간의 침묵으로 자신의 감정을 가라앉히는 연습을 해봅시다. 이렇게 침묵하고 있으면 상대방은 이런 반응을 할 수도 있습니다.

"오늘 너무 조용히 들어주시는데, 무슨 말이라도 해주세요."

만약 이런 말을 듣는다면 성공입니다. 정식으로 '말해도 좋다'는 허락을 받았다는 뜻이니까요. 굳이 하지 않아도 될 말을 해서 원한을 사기보다는 침묵을 통해서 평화로운 관계를 유지하는 것이 좋을 때가 있다는 것을 꼭 기억하세요.

침묵 화법

좋은 피드백이 나오지 않을 때는
차라리 아무 말도 하지 않는다.

"……."

상대방의 이야기가 끝나면
2초 동안 기다린 다음
말하는 습관을 들인다.

내레이션 화법으로
상대의
마음을 잡아라

✳

꼭 조언해줘야 한다는 생각을 버린다

'좋은 말을 해줘야 하는데……'

'저 사람한테 도움이 되는 조언을 해줘야 하는데……'

특히 내가 선배나 상사, 부모 입장이라면 경험이 부족한 상대에게 좋은 말을 해줘야 한다는 이상한 압박감을 갖고 있는 분들이 많습니다. 그런데 이때 조언이 '훈수 두기'로 바뀌는 경우가 많다는 게 문제입니다. 의외로 꽤 많은 분들이 이 함정에 빠집니다. '오늘은 부정하는 말을 하지 말아야지'라고 결심하고 나서도 '좋은 말을 해줘야지'라고 생각하다 보면 "그게 아니라", "그것보다는……" 같은 상대방의 말을 반박하는 대사가 튀어나오기 쉽습니다. 그러면 부정하지 않기 위해 했던 모든 노력이 물거품이 되고 맙니다.

그렇다면 어떻게 해야 할까요?

우선 꼭 내가 그럴싸한 조언을 해줘야 한다는 생각을 버려야 합니다. 정말 그 사람에게 해줄 수 있는 적절한 말이 떠오르면 모르지만 그렇지 않은 경우에도 억지로 조언을 하려고 하면 역효과가 날 뿐입니다. 대화에서 내가 주인공이 되려는 마음을 버리고 그냥 상대방의 말을 그대로 내레이션하세요. 한마디로 '복창'하는 겁니다.

상대방이 한 말을 그대로 앞부분에 넣어서 "~라는 생각을 하고 있구나", "~라는 말이구나"라고 하면 됩니다. 이렇게만 해도 상대방은 '내 말을 잘 이해하고 들어준다'고 받아들입니다. 또한 이야기를 정리하는 효과도 있습니다.

이렇게 복창하는 것만으로도 대화는 충분히 이어집니다. 그러면 상대방은 "그렇다니까요. 그리고……"라면서 더 자세한 이야기를 하거나 알기 쉽게 설명해줍니다.

이 방법은 상대방의 말을 그대로 반복하는 것이기 때문에 굳이 내 의견을 드러낼 필요조차 없습니다. 동의도 부정도 하지 말고 그저 담담하게 반복하는 것만이라도 해보세요.

이것은 시각장애인을 위한 텔레비전 화면 해설과도 같습니다.

"주인공은 현관문으로 걸어가서 문을 열고 나간다. 그 모습을 연인이 지켜보고 있다."

이렇게 일어나고 있는 상황을 있는 그대로 내레이션하는 것입니다. 그렇다고 해서 상대방이 하는 모든 이야기를 장황하게 되풀이한다는 말은 아닙니다. 짧게 요약해서 되돌려주는 방식이 가장 좋습니다. 예를 들면 다음과 같습니다.

> **"구체적으로 알려줘서 고마워요. 그러니까 ○○라는 얘기죠?"**
> **"그러니까 ○○가 ○○해서 ○○한다는 말이군요."**

이때 조심해야 할 것은 나의 주관이나 해석은 최대한 자제하는 것입니다. 상대방이 말하고자 하는 내용의 핵심을 파악하는 것이 중요합니다. 그러면 상대방은 '아, 제대로 듣고 있구나', '잘 전달되었구나' 하고 안심하게 됩니다.

✳

복창으로 대화 속도를 컨트롤한다

이렇게 내레이션 화법을 쓰면 상대방의 말을 부정하지 않게 되는 장점이 있습니다. 그리고 또 한 가지 좋은 점이 있는데 그것은 바로 대화 속도를 조절할 수 있다는 것입니다.

상대방의 말을 의식적으로 다시 반복해서 확인하게 되므로 저절로 대화 속도가 느려지는 거죠. 사실 대화의 속도 역시 상대의 말을 부정하지 않기 위한 중요한 요소 중 하나입니다.

보통 우리가 TV나 유튜브에서 보는 대화는 일상적인 대화보다 훨씬 빠릅니다. 영상 매체에서 대화의 템포가 느려지면 시청자들이 지루해하기 때문에 의도적으로 빠른 속도로 대화를 하거나 편집을 하는 거죠.

이런 대화 속도에 익숙해지면 일상적인 대화까지 빨라지는 경향이 있습니다.

그런데 대화 속도를 늦추기만 해도 상대방의 말을 꼼꼼하게 검토할 수 있고, 부정하지 않는 말을 하기가 쉬워집니다.

만약 상대방이 흥분해서 급하게 말하더라도 천천히 그 말을 내레이션하듯 따라 하면 대화 속도를 늦출 수 있습니다.

저는 평소에 전문 코치들에게도 '내레이션 화법으로 대화 속도를 조절하라'고 이야기합니다. 여러분도 그 효과를 직접 체험해보세요.

내레이션 화법

꼭 멋있는 조언을 내가 해줘야 한다는
생각을 버린다.

상대가 바라는 건 나의 의견이
아닐 수도 있다.

대화에서 내가 주인공이 되려는
마음을 버린다.

"~라는 말이구나."

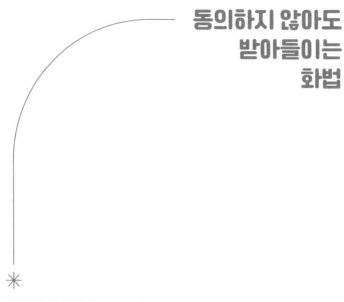

동의하지 않아도 받아들이는 화법

✳

상대방의 생각을 받아들이고 복창한다

"팀원이 진짜 엉뚱한 말을 할 때도 부정하면 안 되는 건가요?"

"직원들 제안을 그렇게 다 받아들였다가는 회사가 망할 것 같은데요."

회사 리더들을 상담하다 보면 이런 말을 하는 분들도 많습니다. 이런 질문에 현실적인 답변을 해드릴게요. 앞서 말했듯이 부정하지 않는다는 건 '상대방의 말이나 생각, 의견, 행동을 전적으로 부정하지 않는다'는 의미입니다. 그렇다고 해서 상대방이 하는 모든 말에 "yes"라고 답해야 한다는 게 아니라는 거죠. 그러니 안심하세요. 애초에 비즈니스와 관련된 의사 결정에서 모든 제안을 다 받아들인다는 것은 있을 수 없는 일입니다.

'부정할 수밖에 없는 것은 부정한다', '잘못된 것은 잘못됐다고 말한다'는 것은 중요한 일이고 옳은 일입니다. 다만 여기서 포인트는 '어떻게 전달하느냐'입니다.

그렇다면 실제 상황에서는 어떻게 해야 할까요?

우선 상대방이 말한 내용을 그대로 인정하는 것부터 시작해야 합니다. 인정한다는 것은 말하자면 받아들인다는 자세입니다. 구체적으로 해야 할 일은 이번에도 내레이션 화법입니다.

"~라는 생각을 하고 있군요."
"~라는 말이군요."
"~라는 게 있군요."

이렇게 앞서 말한 것처럼 상대방이 제안한 내용을 그대로 반복하는 것입니다.

이 작은 노력이 정말 중요합니다. 찬성도 동의도 아닌, 일단 '사실을 받아들인다'는 것이 포인트입니다. 만약 상대방이 'ㅇㅇ가 싫다'고 감정적인 표현을 하더라도 그것까지 포함해서 있는 그대로 받아들입니다. 이런 방식을 코칭 기법에서는 '인정'이라고 부릅니다.

✳

인정은 하되 동의는 하지 않는다

그런데 여기서 중요한 것은 인정은 하더라도 꼭 상대방의 말에 동의할 필요는 없다는 것입니다. 여기서 인정한다는 것은 '상대방이 그렇게 생각하고, 느끼고, 말하고 있다'는 사실을 내가 받아들인다는 뜻입니다.

꼭 "그래 당신 말이 맞아", "정말 그러네"라고 상대방의 말에 적극적인 동의를 표현하지 않아도 됩니다. 그저 상대방이 지금 어떤 상태인지를 있는 그대로 받아들이고, 상대방의 의견을 존중하고 있다는 걸 표현하면 됩니다. 여기서 키포인트는 '존중'입니다.

"그렇군요. ○○ 씨는 ○○라고 생각한다는 거군요."

"○○ 씨의 의견은 제가 잘 이해했어요."

"관점에 따라서는 그렇게 생각할 수도 있겠네요."

만약 절대 동의할 수 없고, 상대방이 틀린 말을 하고 있다고 해도 "아, 그렇군요. 그렇게 생각할 수도 있겠네요"라고 전달하는 게 중요합니다.

이렇게 '나와 의견은 다르지만 나는 당신의 의견을 존중하고 있다' 혹은 '나는 당신의 의견을 존중하기 위해 노력하고 있다'는 것을 표현하는 것만으로도 충분합니다.

그러기 위해서는 상대방의 마음과 생각을 먼저 받아들이는 것이 중요합니다.

동의하지 않아도
인정하는 화법

상처받지 않는 대화가 중요하다고 해서
상대방의 모든 말에
"yes"라고 답할 필요는 없다.

"아~ 그렇구나.
너는 그렇게 생각한다는 거구나."

"그럴 수도 있겠네~."

상대방을
인정하는 화법의
네 가지 유형

✳ 인정하는 화법에는 네 가지 종류가 있다

그런데 상대방을 인정하는 것에도 네 가지 유형이 있습니다.

    인정 유형 1. 존재 인정

    인정 유형 2. 행동 인정

    인정 유형 3. 프로세스 인정

    인정 유형 4. 견해 인정

그럼 이에 대해 하나씩 살펴보겠습니다.

✳

인정 유형 1   존재 인정

첫 번째, '상대방이, 지금 여기에 있다'는 존재를 인정하는 것입니다. 회사에서 팀원이나 직원들과 면담할 때 쓸 수 있는 말로 한다면 다음과 같습니다.

> "오늘 이렇게 시간을 내줘서 고마워요."
> "이렇게 얼굴 보고 이야기하니까 좋네요."

이렇게 있는 그대로의 사실을 객관적으로 전달하는 것이 요령입니다.

여기서 포인트는 두 가지가 있습니다. 첫째는 내가 당연하게 생각하는 일이라고 해서 단정적으로 말하지 않는다는 것입니다. 둘째는 하던 일을 멈추는 것입니다.

예를 들어 당신이 뭔가를 하고 있는데 팀원이 말을 걸었다면 먼저 하던 걸 멈추고 그에게 몸을 돌리세요. 그리고 그 사람의 눈을 바라보면서 "무슨 일이에요?"라고 대답하세요.

여기서 "무슨 일이에요?"는 의문문이지만, 당신의 몸짓과 맞물려 팀원의 존재를 인식했다는 의사 표시입니다. 이것이 바로 존재 인정입니다.

이와 반대로 하지 않았으면 하는 행동은 다음과 같습니다.

하던 일을 멈추지 않고 컴퓨터 화면에 시선을 고정한 채, 마치 지금 말 걸지 말아달라는 표정으로 "무슨 일인데?" 하고 묻는 겁니다. 말의 내용은 같아도 이런 표정이나 제스처 등의 비언어적 커뮤니케이션은 위험합니다. 당신은 무심코 이렇게 행동할지 모르지만 상대방은 전혀 다르게 받아들일 수 있습니다. 비단 직장에서뿐 아니라 집에서도 마찬가지입니다. 자칫 소홀해지기 쉬운 부분이니 꼭 기억하세요.

✳

인정 유형 2　행동 인정

두 번째, 행동 인정은 상대방이 취한 행동이나 상대방이 내놓은 결과에 대한 인정을 말합니다. 예를 들어 팀원에게 프로젝트를 맡겼는데 원하는 결과가 나왔다고 합시다. 그때 팀원이 경과보고를 하면 "잘했어요. 고생했어요" 하고 결과를 인정하는 말을 건네면 됩니다. 또는 당신이 퇴근을 했는데 자녀가 요리를 해줬다면 그 행동을 인정하는 말을 잊지 말고 전하세요.

"오늘 저녁 만들어줘서 고마워."

이렇게 말이죠. 그 요리가 맛있었는지 아닌지, 당신이 먹고 싶은 음식이었는지 아닌지, 그런 평가가 아니라 요리를 해준 행동만을 언급하면 됩니다.

✳

인정 유형 3 프로세스 인정

방금 이야기한 행동 인정은 상대방이 특정한 행동을 했거나 뭔가 행동에 대한 결과가 나왔을 때 할 수 있는 것이죠. 그렇다면 그런 경우를 제외하고 평소 일상적인 순간에 상대방을 인정하고 싶을 때는 어떻게 해야 할까요? 이때 할 수 있는 것이 바로 프로세스 인정입니다. 예를 들어 팀원과 면담하는 도

중에 이런 말을 들었다고 가정해보세요.

> "우리 회사가 요즘 내세우는 친환경 경영은 잘 이해가
> 안 돼요. 저한테는 그림의 떡 같아요."

상사인 당신의 입장에서는 "그런 말 하지 말고 회사 방침을 잘 따르세요"라고 얘기하고 싶은 상황이죠. 그런데 이럴 때 인정하는 멘트를 날리는 것이 더 중요합니다.

다음과 같이 간결한 표현은 어떨까요?

> "그런 생각을 하고 있군요."
> "○○ 씨는 그렇게 느끼는군요."

이렇게 하면 자신의 생각을 인정받는 느낌을 받은 팀원은 또 다른 정보를 이야기해줄 겁니다.

팀원이나 직원과 가감 없이 이런 대화를 하게 되면 회사의 여론을 제대로 파악하고 객관적으로 판단할 수 있다는 장점이 있습니다. 적어도 상대방의 속마음을 전혀 파악하지 못한 채 있다가 어느 날 갑자기 사표를 던지는 직원을 만나는 불상사는 막을 수 있겠죠.

아주 간단한 표현이므로 나만의 언어 창고에 저장해두고 필요할 때마다 꺼내 쓰기를 권해드립니다. 집에서 쓸 수 있는 예시 하나를 더 들어보겠습니다. 당신이 자녀에게 이런 말을 들었다고 칩시다.

"아빠(엄마)가 맨날 늦게 들어오니까 나 너무 서운해."

이때도 프로세스 인정을 활용할 수 있습니다.

"근데 그건 어쩔 수가 없어. 아빠(엄마)도 최선을 다하고 있거든. 그러니까 조금만 참아줘."

이렇게 말하는 대신 앞으로는 다음과 같이 말해주세요.

"아이고, 우리 ○○가 서운했구나."

여기서 꼭 기억해야 할 점이 있습니다. 여기서 아이는 아빠(엄마)에게 납득할 만한 이유를 듣고 싶은 게 아닙니다. 그저 자신의 이야기를 들어줬으면 좋겠다고 생각할 뿐이죠. 우선 상대방이 어떤 감정을 느끼고 어떤 생각을 하는지 파악하고 그 점을 인정해주는 것이 좋습니다.

✳

마지막으로 견해 인정은 상대방의 의견을 부정할 때 쓰는 인정 스타일입니다.

최근에 코칭을 배우기 시작한 분과 대화할 때 일어난 일입니다. 그분이 말했습니다.

"코치는 클라이언트보다 한발 앞서 있는 존재 같아요."

전문 코치로 오랫동안 활동한 저는 이 말에 동의할 수 없었고, 바로 이렇게 반박하고 싶었습니다.

"아니에요, 코치는 클라이언트 반 발짝 뒤에서 걷는 존재죠."

하지만 꾹 참았습니다. 바로 그 순간이 견해 인정을 활용할 수 있는 절호의 기회였기 때문이죠. 그리고 이렇게 대답했습니다.

"그렇게 생각할 수도 있겠네요."

그러자 그분은 자신의 의견을 거침없이 솔직하게 털어놓더군요. 견해를 인정하는 말에는 이런 변형된 표현이 있습니다.

"그런 의견도 있을 수 있겠네요."

"그것참 새로운 발상인데요."

"왜 그렇게 말씀하시는지 좀 알 것 같아요."

견해 인정은 '당신의 생각을 확실히 받아들였다'는 메시지를 전달하는 행위입니다. 이것은 '당신의 생각에 동의한다, 또는 반대한다'와는 별개의 문제입니다. 야구로 비유하면 상대가 던진 공을 잘 잡는 것입니다. 그 공이 스트라이크인지 볼인지는 상관없다는 거죠.

이렇게 상대방을 인정하는 대화법을 잘 활용하면 굳이 부정하는 말을 하지 않아도 이야기를 잘 이어 갈 수 있습니다.

인정하는 화법의 네 가지 유형

① 존재 인정

"이렇게 얼굴 보고 이야기하니까 좋네요."

'상대방이 지금 여기에 있다'는 것을 인정한다.

② 행동 인정

"잘했어요. 고생했어요."

상대방이 행동해서 나온 결과를 인정한다.

③ 프로세스 인정

"○○ 씨는 그렇게 느끼는군요."

상대방의 생각이나 감정을 있는 그대로 인정한다.

④ 견해 인정

"그런 의견도 있을 수 있겠네요."

"왜 그렇게 얘기하는지 좀 알 것 같아요."

상대방의 의견에 완전히 동의하지 않더라도
'그 의견을 받아들인다'는 의사 표현을 한다.

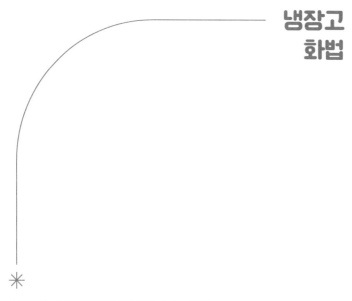

냉장고 화법

✳
동의할 수는 없어도 인정할 수는 있다

상대의 말에 전혀 동의할 수 없는 상황에서는 부정하지 않는 대화법을 실천하려고 해도 힘들 때가 많죠. 이번에는 그런 상황에서 쓸 수 있는 표현에 대해 이야기해보겠습니다.

간단한 예로 함께 식사하기로 한 상대에게 오늘 뭐 먹고 싶은지 물었을 때의 상황을 생각해봅시다. 상대는 장어가 먹고 싶다고 말했습니다. 그런데 당신은 그날따라 속이 더부룩해서 담백한 음식을 먹고 싶었죠. 이럴 때는 어떻게 대화를 이어 나가야 할까요?

상대방의 말을 부정하지 않으면서도 다른 메뉴로 바꾸고 싶다면 이렇게 말해보세요.

"장어? 장어도 좋은데! 혹시 또 다른 먹고 싶은 거 없어요?"

그러면 상대가 "○○ 씨는 뭐 먹고 싶은데요?"라고 물어볼 수도 있습니다. 그렇게 되면 상대로부터 말해도 된다는 허락을 받은 것이기 때문에 "오늘은 속이 좀 더부룩해서요. 메밀국수 같은 건 어때요?" 하고 자신의 생각을 전달할 수 있습니다.

✳

그 의견은 일단 냉장고에 넣어두면 좋겠다

또 이때 상대가 제안한 의견에 대해서 언급하고 넘어가는 것도 좋은 대화법입니다.

"아~장어 좋아하는구나. 기억해둘게요. 다음에 꼭 시

간 내서 가요."

이렇게 상대방의 의견을 아예 무시하지 않고 일단 보류하는 것을 저는 '냉장고에 넣는다'고 표현해봤습니다.

"그래요? 그렇게 생각할 수도 있겠네요. 그 생각은 일단 냉장고에 넣어둘게요. 또 다른 생각은 없을까요?"

이런 식으로 쓰면 됩니다.

회사에서 팀장과 팀원 사이에서 나누는 대화로 생각해볼까요?

예를 들어 면담 자리에서 팀장이 팀원에게 "○○ 씨, 내년에는 어떻게 하고 싶어요?"라고 물었을 때, 팀원이 "내년에는 다른 업무를 좀 해보고 싶은데요. 부서 이동을 할 수 있을까요?"라고 말했다고 가정해보세요. 이때 너무 놀란 나머지 "그건 좀 곤란하지!"라고 말하고 싶겠지만, 그걸 꾹 참고 대신 이렇게 말하는 겁니다.

"부서 이동을 원하는 거구나. 그 의견은 일단 잘 기억해둘게요."

이 대답이 바로 "그 생각은 냉장고에 넣어둘게요"의 변형입니다. 이때 "아, 그래. 그런 생각을 하는구나. 그래서 어떻게 하고 싶은데?"라고 구체적인 의견을 물을 수도 있습니다. 그러면 상대방이 "제 생각은 그런데, 그렇게 되면 지금 하고 있는 프로젝트 마무리할 시간이 없으니까요……" 하면서 자신의 생각을 스스로 검토하기 시작하고, "지금 당장 부서 이동을 하는 건 아무래도 어려울 것 같아요" 하고 스스로 자신의 의견을 반박하는 경우도 있습니다.

> "부서 이동을 하면 지금 하고 있는 프로젝트는 어떡하라는 거야?"

이렇게 질책 섞인 말부터 꺼내게 되면 역효과를 낳는 경우가 많습니다.

상대방이 '내 생각'이라는 공을 던졌는데, 당신이 '그 공은 잘못된 거야'라고 판단하며 공을 잡지 않으면 그것이 바로 상대를 부정하는 행동입니다. 그러므로 일단은 상대가 던진 공을 잡으세요. '아~ 이런 공을 던져주었구나'라는 사실을 인정하기만 하면 됩니다.

그리고 "다른 공은 없나요?"라고 물으면 상대방이 "이런 공도 있습니다" 하고 대안을 제시하기도 합니다. 바로 이것이 부정하지 않으면서도 새로운 옵션을 선택하는 방법입니다.

✳

상대방의 말을 냉장고에 넣었다면 반드시 꺼내라

그런데 한번 냉장고에 넣어두겠다고 말했다면 그것을 절대 잊어서는 안 됩니다.

꼭 예전에 했던 이야기를 기억하고 있다는 걸 상대에게 알리는 게 중요합니다.

> "지난번에 부서 이동하고 싶다고 했는데 지금은 어때요?"
> "저번에 장어 먹고 싶다고 했죠? 오늘 갈래요?"

이렇게 그 사람과 나눴던 이야기를 잊지 않고 먼저 꺼내면 상대방은 '아, 이 사람은 내가 했던 이야기를 기억하고 있구나' 달리 말하면 '아, 이 사람은 내 의견을 진짜 존중하고 있구나'라고 느끼게 됩니다.

자신의 말을 존중해주는 사람에게 마음의 문을 여는 것은 인지상정입니다. 그러므로 한번 상대방의 생각을 냉장고에 넣어두었다면 절대 잊지 말고 먼저 꺼내보세요.

냉장고 화법

동의할 수 없는 제안을 받았더라도
바로 거절하지 말고 이렇게 말한다.

"아~ 그 의견 좋네요. 지금 당장
쓸 수는 없지만 꼭 기억하고 있을게요."
(=냉장고에 넣어둔다.)

(시간이 조금 흐른 후)

"아, 그때 그 의견, 아직도 유효한가요?"
(냉장고에 넣어두었던 의견은
나중에 꼭 다시 먼저 꺼내본다.)

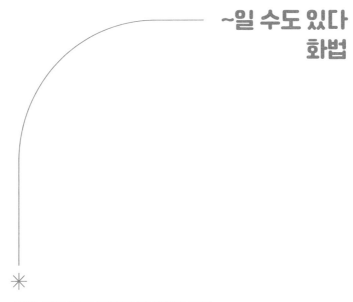

~일 수도 있다 화법

✳

내가 모든 것을 안다고 착각하지 마라

어떤 일이나 사건에 대해 너무나 단호하게 "이건 이렇게 해야 돼" 혹은 "그건 절대 아니야", "이건 원래 이런 거야"라고 단정적으로 말하는 분들이 있습니다. 그런 분들에게 저는 감히 묻고 싶습니다.

"그게 정말 맞는 말입니까?"

바르샤바 태생의 철학자 알프레드 코지브스키가 남긴 유

명한 말이 있습니다.

'지도는 영토가 아니다(The map is not the territory.).'

지도를 보고 있으면 그 장소에 대해 아는 것 같아도 막상 현지에 가보면 전혀 다를 수 있다는 말이죠. 다시 말해 지도만 보고 현지 상황을 다 안다고 착각하지 말라는 뜻입니다.

즉 보고 들은 것은 해석일 뿐, 실제 정보와는 다르다는 말입니다. 아무리 인생 경험이 풍부한 사람이 하는 말이라도 기껏해야 몇십 년 동안 자신이 경험한 일과 보고 들은 일을 기준으로 판단하는 것에 불과합니다. 따라서 그 판단이 절대적으로 옳은 것은 아닙니다.

그런데도 마치 전지전능한 신이라도 된 듯이 모든 일에 "이건 이렇게 해야 돼!", "그건 절대 아니야", "내 말이 맞는다니까!", "내가 해봐서 안다니까"라고 단언하는 순간, 이미 틀린 것이 될 수도 있습니다.

도대체 무슨 말이 하고 싶은 거냐고요?

바로 '내가 모든 것을 다 안다고 착각하면 안 된다'는 것입니다. 또한 모든 것을 다 꿰뚫고 있는 것처럼 말하고 행동하게 되면 이미 내 시야가 좁아지고 나에게 들어오는 정보 또한 제한될 수밖에 없다는 것도 알아야 합니다.

만약 당신이 자신도 모르게 이런 말투를 쓰고 있다면 우선 습관적으로 어미에 "~일 수도 있지"를 붙이는 연습부터 해보세요. 이것이 바로 '~일 수도 있다' 화법입니다.

한 가지 예를 들어볼게요. 어느 날 아침, 직장 동료가 어젯밤에 케이크를 먹었다고 말했습니다. 이때 당신의 머릿속에는 바로 '와 좋았겠다'라는 생각이 들었습니다. 케이크를 먹었다는 것 외에는 아무런 정보도 얻지 못했는데도 말이죠. 어떤 케이크를, 몇 개나, 누구랑, 어떤 상황에서 먹었는지에 대해서 알지 못한 채 '와 좋았겠다'라고 생각하는 것은 편견이라는 말입니다.

> 어제는 아이 생일이라 집에서 온 가족이 함께 생일파티를 하기로 약속했다. 그런데 갑자기 야근을 해야 했고, 그러다 보니 퇴근이 늦어졌다. 집에 돌아오니 가족들은 이미 다 잠들어 있었고 나 혼자 외롭게 케이크를 먹었다.

어쩌면 이것이 그 직장 동료가 어젯밤에 케이크를 먹게 된 사연일 수도 있습니다. 그러므로 그가 케이크를 먹었다고 말했을 때 바로 '와 좋았겠다'라고 생각하기 이전에 '좋았을 수도 있었겠네'라고 생각해보라는 것입니다.

이렇게 어떤 일이나 사건을 대할 때 '~이다'라고 단정 짓는 게 아니라 '~일 수도 있겠네'라고 생각해보는 것이 키포인트입니다.

'그 사람이 이번 일을 맡다니 분명 실패할 거야.'
　　→ '……실패할 수도 있겠네.'
'그 사람은 나를 싫어해서 이런 일을 맡겼어!'
　　→ '……맡겼을 수도 있겠네.'
'존경하는 ○○이/가 말했으니까 틀림없어!'
　　→ '……이/가 말했는데 틀릴 수도 있어.'

이렇게 모든 일을 대할 때 '~일 수도 있다'라고 생각해보세요.

확실한 정보가 아니라면 어떤 일이든 '다양하게 해석할 수 있다'고 생각하는 게 중요합니다.

정확하지 않은 정보인데도 내 마음대로 흑백을 가르는 사고를 해서는 안 됩니다.

예를 들어 TV 뉴스에서 어떤 경영자가 "야근이나 휴일 출근은 당연하다!"고 발언하는 장면이 보도됐다고 합시다. 그런데 이것은 "납품일을 맞추지 못해서 고객한테 불편을 끼친다면 야근이나 휴일 출근은 당연하다!"는 말이 편집된 것일 수도 있습니다.

그러므로 보고 들은 것을 그대로 믿지 말고 항상 '~일 수도 있다'를 붙여보세요. 그러면 추측으로 오해를 하거나 빙산의 일각에 불과한 정보를 믿는 등의 실수를 방지할 수 있습니다. '~일 수도 있다'를 붙이면 새롭게 보이는 세계가 있습니다.

~일 수도 있다 화법

확실한 정보가 아니라면
"절대~"라는 말은 쓰지 않는다.

내가 다 안다고 단정해버리면
새로운 정보를 얻을 수 없다는 걸 기억한다.

어떤 일이 생겨도
'다양하게 해석할 수 있다'고 생각해본다.

"아, ~일 수도 있겠네요."

나도 모르는 사이 전달되는 메타 메시지

✳

말보다 더 설득력 있는 것은 태도

인간은 언어를 사용하는 유일한 동물이지만 비언어적 표현인 메타 메시지(meta message)로도 수많은 정보를 주고받습니다. 실제로 언어적 커뮤니케이션보다 비언어적 커뮤니케이션이 관계에 더 큰 영향을 미친다는 연구 결과도 있습니다.

따라서 당신이 아무리 입으로 부정적인 말을 하지 않더라도 만약 부정적인 태도로 상대방을 대한다면 그 모든 것은 물거품이 되고 맙니다. 눈빛이나 한숨, 몸짓 언어 등 부정적인 메타 메시지는 전부 상대방에게 전달된다는 것을 명심하세요.

부정적인 메타 메시지 중 대표적인 것은 다음과 같습니다.

미간에 주름이 생긴다.

양쪽 입꼬리를 아래로 내려뜨린다.

팔짱을 낀다.

다리를 꼰다.

이 몸짓 언어들은 모두 신체 일부를 교차(cross)시키는 행동입니다. 왠지 안 되는 것을 나타내는 '× 표시' 같아 보이지 않나요? 이것 외에도 다리 떨기, 상대방의 시선 피하기, 손목시계나 스마트폰 보기 등이 있습니다. 이것은 부정이라기보다 '당신의 이야기는 더 이상 듣고 싶지 않다'는 속마음을 드러내는 태도입니다.

'형식보다는 내용'이라는 말이 있지만 형식이 내용을 드러내는 경우도 왕왕 있습니다. '무엇을 말하는가' 못지않게 중요한 것이 '어떻게 말하는가'라는 걸 꼭 기억하세요.

나는 기분의 노예인가 주인인가?

그렇다면 긍정적인 메타 메시지에는 어떤 것이 있을까요? 이 중에서 가장 중요한 것은 웃는 얼굴입니다. 먼저 거울을 보면서 평소에 자신이 어떤 표정을 짓고 있는지 확인해보세요. 의외로 무뚝뚝한 표정을 짓고 있다는 사실에 놀랄지도 모릅니다.

사실 웃으라고 말하기는 쉽습니다. 하지만 전문 코치인 저로서도 기본적인 표정은 쉽게 바꿀 수 없습니다.

사람들과 일할 때 자신이 어떤 표정을 짓고 있는지를 녹화해서 확인해보면 가장 정확하겠지만 그럴 수 없다면 가장 믿을 만한 동료에게 "회의 때 내 표정이 어떤지 좀 봐줄래?"라고 부탁하는 것도 방법입니다. 만약 화상 회의를 한다면 영상으로 자신의 표정을 한번 체크해보세요. 평소에 자신이 화가 난 표정을 짓거나 울상을 짓고 있다는 걸 알게 되었다면 의식적으로 입꼬리를 올려서 웃는 연습을 하는 게 좋습니다.

"웃으려고 해도 웃음이 안 나오면 어떡하죠?"

이쯤 되면 꼭 이렇게 되묻는 분들이 있습니다. 아침에 출근을 했는데, 아직 말 한 마디도 안 했는데 왠지 저 사람 기분이 안 좋아 보인다고 느낀 경험이 다들 있지 않나요? 왠지 저 사람에게 말을 걸었다가는 내 기분까지 상할 것 같은 느낌을 풍기는 사람. '최소한 그런 사람은 되지 말자'라고 결심해보세요. 항상 기분이 나빠 보이는 사람, 자기 자신과 세상에 불평불만이 가득한 사람. 그런 사람과 함께 있고 싶어하는 사람은 없습니다. 그런 사람에게는 행운이 찾아왔다가도 도망가버립니다. 나에게 행운이 찾아왔을 때 꼭 잡을 수 있도록 최소한의 기분 관리가 필요합니다.

그러려면 나의 기분을 좋게 만드는 법을 나 스스로 터득하고 있어야 합니다. 정말 싫어하는 일을 타인을 위해 억지로 하고 있지는 않나요? 필요 이상으로 신경 쓰지 않아도 될 사람에게까지 에너지를 쓰고 있지는 않나요? 내가 좋아하는 것을 나 자신에게 해주고 있나요? 이런 질문들을 나 자신에게 던져봐야 합니다. 그래야 내 기분을 내가 만들어갈 수 있어요.

중요한 건 내 기분은 나 스스로 관리할 수 있다고 믿는 것입니다. 그래야 기분의 노예가 아니라 기분의 주인이 되어서 살 수 있습니다.

✳

기분이 좋아서 웃는 게 아니라 웃으니까 기분이 좋아진다

웃는 습관을 들이는 방법 중 또 한 가지는 '억지로, 무조건, 그냥, 웃는다'입니다.

제가 국제코치연맹 일본지부(당시 명칭)의 대표이사를 맡고 있을 때의 이야기입니다. 대표라는 역할을 맡다 보니 주변에서 사진을 찍겠다며 스마트폰을 들이대는 일이 많았습니다.

사람들은 대부분 그 사진을 SNS에 올립니다. 그런데 그 사진들을 보고 깜짝 놀랐습니다. 그중에서 웃고 있는 얼굴이 생각보다 너무 적었기 때문입니다. 제가 이렇게 웃지 않는 사람이었다니 저 스스로도 놀랄 정도였습니다. 그 경험을 한 이후 저는 어떤 상황에서도 카메라를 들이대면 바로 웃을 수 있도록 혼자 거울을 보면서 꾸준히 연습했습니다. 그 결과 저는 언제든지 웃을 수 있는 특기가 생겼죠.

이 사건을 계기로 저는 두 가지 연쇄 작용을 몸소 깨달았습니다. 첫째는 내가 늘 웃고 있으니까 상대방도 내 표정을 보며 따라 웃게 된다는 것, 둘째는 상대방이 웃으니까 나도 마음이 가볍고 즐거워진다는 것입니다. 즉 기분이 좋아서 웃는

게 아니라 먼저 웃으니까 기분까지 좋아졌다는 것입니다. 이
것이 제가 기분을 관리하는 방법입니다.

기분을 관리하는 방법은 여러 가지가 있으니, 독자 여러분
도 자신만의 방법을 개발해서 꼭 실천해보시길 바랍니다. 무
엇보다 기분을 제때 관리하지 못해서 좋은 사람들 혹은 좋은
일까지 내 곁에서 쫓아내는 부정적인 일이 발생하지 않도록
주의하세요.

메타 메시지 관리하기

말보다 중요한 건
몸짓 언어라는 걸 기억한다.

내가 평소에 어떤 표정을 짓고 있는지
관찰해보고
의식적으로 입꼬리를 올려본다.

먼저 웃으면
기분까지 좋아진다는 걸
몸으로 실천해본다.

부정을
리커버리하는
화법

무심코 상대방을 부정해버렸다면?

이번 장에서는 상처받지 않는 대화법의 구체적인 방법론에
대해 다루고 있습니다.

이제 대화 중에 나도 모르게 상대방을 부정해버렸을 때 어
떻게 하는 게 좋을지 이야기해보겠습니다.

예를 들어 팀원에게 무심코 부정적인 말을 내뱉고 말았다
면 어떻게 해야 할까요?

답은 의외로 간단합니다. 있는 그대로 인정하고 리커버리
하면 됩니다. 상대방과의 관계를 한순간에 무너뜨릴 만한 말

실수를 했다면 쉽진 않겠지만 무심코 부정적으로 들릴 수 있는 표현을 했다면 리커버리할 수 있습니다. 예를 들면 이렇게 말하면 됩니다.

> "혹시 부정하는 것처럼 들렸다면 미안해."
> "아이고. 방금 내가 너무 부정적으로 말했지? 다시 말해도 될까?"
> "미안해. 나도 모르게 그만. 나에게 다시 말할 기회를 줄 수 있을까?"

이렇게 부정할 의도가 없었다는 걸 있는 그대로 전달합니다. 그러고 나서 내가 정말 전하고 싶었던 말을 덧붙이면 됩니다. 2장에서 소개한 개그맨 콤비 '페코파' 멤버인 쇼인지의 표현을 빌리자면 '시간을 되돌리자'는 겁니다.

> "1분 전으로 돌아가서 다시 말해도 될까요?"

이렇게 말해도 좋습니다. 영어로 하면 'Are we OK?' 또는 'Are we on the same page?(우리 지금 같은 페이지를 보고 이야기하는 거 맞지?)' 같은 문장이 여기에 해당합니다. 의역하자면

"난 당신이랑 같은 편이야", "표현이 달라서 그렇지 난 당신이랑 같은 생각이야" 같은 말이라고 생각하면 됩니다. 이런 대화법을 일상생활에서 꼭 실천해보세요. 혹시 부정적인 말이 튀어나왔더라도 충분히 리커버리할 수 있을 거예요.

부정을 리커버리하는 화법

때로는
정직하게 인정하고 사과하는 게
관계를 위해
가장 좋다는 걸 이해한다.

"잠깐 시간을 돌려서
다시 말할 수 있을까요?"

도저히
미워할 수 없게
거절하는 화법

✳

가장 무서운 건 미워할 수 없는 사람일지도 모른다

인간관계에서 중요한 것은 어쩌면 상대가 좋아할 만한 말을 해주는 것이 아니라 싫어할 만한 말과 행동이 뭔지 파악하고 그것을 최대한 자제하는 것일지도 모릅니다. 살다 보면 어느 집단에 소속돼 있든 간에 모든 사람에게 호감을 얻는 건 사실상 불가능하죠. 하지만 최소한 미움받지 않는 사람이 되는 건 누구나 목표로 삼을 수 있습니다. 부정적인 말과 행동을 멈추기만 해도 절반은 성공할 수 있으니까요.

먼저 '미움받지 않는다'는 표현을 한번 생각해볼까요? 이 표현을 조금만 바꾸어보면 '좋아하지도 싫어하지도 않는' 중립적인 상태입니다.

여기서 제가 생각하는 이상적인 인간관계 원칙을 말해볼까요? 바로 이 중립적인 상태를 만들어놓기만 한다면 여기서 단 1퍼센트만이라도 상대방이 호감이 느낄 만한 액션을 취할 경우, 언제나 만족스러운 인간관계를 형성할 수 있다는 것입니다.

그러기 위해서는 역시 상대방을 부정하지 않는 태도가 중요합니다.

그런데 막상 현실에서는 상대방의 의견이나 제안을 꼭 거절해야 하는 상황이 벌어지기도 합니다. 자, 그럼 지금부터 이런 상황에서도 나를 미워할 수 없게 거절하는 방법 세 가지를 소개할게요.

✳

도저히 미워할 수 없게 거절하는 방법 1
유쾌하게 (혹은 웃으며) 말한다

상대방이 부정적으로 느끼지 않도록 가볍게 부정하는 방법입니다. 예를 들어 상대방의 제안을 거절해야 할 때 방긋 웃으면서 "아, 그렇게 나오기 있기 없기!", "그럼 다음 안건으로 넘어가볼까!" 하고 말하는 겁니다. 목소리 톤은 경쾌하게 얼굴에는 미소를 띤 채 말이죠. 똑같은 거절의 말도 딱딱한 표정과 말투로 하게 되면 상대방은 치명적인 내상을 입을 수도 있습니다.

'웃는 얼굴에 침 못 뱉는다'는 옛말은 괜히 있는 것이 아니라는 걸 기억해보세요.

✳

도저히 미워할 수 없게 거절하는 방법 2
상대방이 도망갈 여지를 남겨준다

예를 들어 당신이 업무 중에 팀원이 작성한 제안서를 확인하다가 어떤 문제점을 발견했다고 칩시다.

이때 무조건 그 문제를 꼬집어서 말하는 게 아니라 "이거 아직 덜된 거군요", "시간이 좀 부족했을까요?", "혹시 다른 후보안 있으면 다음에 보여주세요" 등 도망갈 여지를 남겨두는 겁니다. 이렇게 하면 상대방을 궁지에 몰아넣지 않을 수 있습니다.

✳

도저히 미워할 수 없게 거절하는 방법 3
상대방의 잠재력을 인정하며 독려한다

> "이 아이디어도 나쁘진 않은데요. ○○ 씨라면 더 좋은
> 아이디어를 낼 수 있을 것 같아요. 조금만 더 생각해
> 볼래요?"
> "지금까지 ○○ 씨의 실력을 지켜본 제 입장에서 말하
> 자면 이번에는 아직 그 실력을 다 발휘하지 못한 것
> 같아요."

이렇게 상대방의 잠재력을 인정하면서 좀 더 도전해보라고
격려하거나 권유하세요. 그러면 현재의 아이디어를 부정하지
않으면서도 개선을 요구하는 메시지를 전할 수 있습니다.

이런 방식을 코칭에서는 '챌린지(challenge)'라고 합니다.
챌린지를 활용하면 상대방의 마음을 상하게 하지 않으면서
도 좀 더 강력한 요청을 할 수 있습니다.

✳

부정하지 않는 말투만으로도 나만의 응원단이 생긴다

여담인데 어떤 영화감독은 배우의 연기에 NG를 내지 않는다고 합니다.

> **"좋은데? 아주 잘했어! 한번 더 해볼까?"**

이렇게 말하면서 여러 번 연기를 시키고, 그중 하나를 고르는 거죠.

이것도 부정하지 않는 기술입니다.

대사를 외우고 감정을 만들어내는 배우에게 "뭐야, 그 연기는! 지금 학예회하는 것도 아니고!"라고 소리치면 어떻게 될까요? 이런 말을 들은 배우는 감독에게 혐오감을 느끼거나 거부감을 가질 수 있습니다. 그리고 그런 사소한 말 한마디가 서서히 쌓여 결과적으로 작품 전체의 퀄리티에도 영향을 줄 수 있습니다.

이것은 팀장과 팀원, 사장과 직원 사이에서도 마찬가지입니다. '팀장님 부탁이라면 들어줄 수 있다'고 생각하게 만드느냐, 아니면 '저 인간 부탁은 절대 들어줄 수 없다!'고 생각하게 만드느냐에 따라 팀의 성과가 크게 달라지기도 합니다.

실제로 회사에서 일로 만난 상사를 마냥 좋아하게 되는 일은 아주 드물죠. 그와 반대로 상사를 끔찍하게 싫어하는 일은 아주 흔합니다. 그런데 팀원 중에는 상사를 좋아하지도 싫어하지도 않는 계층이 의외로 많습니다. 오히려 그쪽이 대다수일지도 모릅니다.

그래서 바로 그 사람들과 어떤 커뮤니케이션을 하느냐에 따라 팀 성과가 크게 달라질 수 있는 것이죠.

자, 그렇다면 여러분은 주변 사람들과 어떤 커뮤니케이션을 하고 있나요? 혹시 '호감을 얻어야지, 오늘 점수 좀 따야겠어'라는 생각을 하고 있나요? 만약 그렇다면 앞으로는 그런 생각보다는 '오늘은 최소한 부정적인 말은 하지 말자'라고 결심해보세요. 내 생각과 너무 다른 의견을 상대가 내놓을 때도 앞서 말한 영화감독처럼 말해보는 겁니다.

그러면 대부분의 사람들은 당신에게 협조해야겠다는 마음이 들어 은근히 호의를 베풀며 응원하게 될 겁니다. 이것은 지금까지 제 경험을 통해 터득하게 된 사실입니다.

이렇게 은근하게 당신을 응원하는 사람들이 늘어나면 굉장히 든든합니다.

'일 잘하는 사람 주변에는 언제나 사람이 몰린다. 모두
가 그 사람을 위해 힘써준다.'

이런 말을 들어본 적이 있지 않나요?

일을 잘한다는 건 그만큼 자신을 도와주는 사람을 많이 만
들었다는 뜻이기도 합니다. 다시 한번 강조할게요. 협조해야
겠다고 마음먹고 은근히 호의를 베풀며 응원해주는 사람, 즉
나만의 든든한 응원단을 만들려면 최소한 부정하는 말투를
쓰지 말아야 합니다. 꼭 부정해야 할 때에도 상대방이 부정당
했다고 느끼지 않게 말할 줄 알아야 합니다. 그 점을 꼭 명심
하세요.

도저히 미워할 수 없게
거절하는 화법

웃는 얼굴에 침 못 뱉는다는 말은 진리다.

할 말이 없는데
억지로 상대방을 칭찬하거나
아부하는 말을 늘어놓지 않아도 된다.
단지 최소한 부정적인 말투만 쓰지 않아도
적이 생기지 않는다.

"너무 좋네요. 한 번만 더 해봐요."

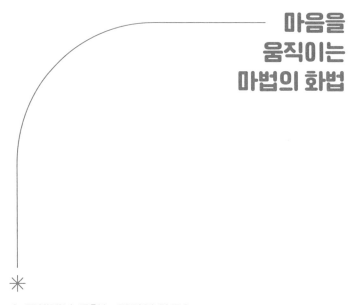

마음을
움직이는
마법의 화법

누구에게나 통하는 마법의 말은?

앞서 상대방의 말에 동의하지 않더라도, 상대방이 그렇게 말하고 있다는 사실을 인정하는 화법에 대해서 설명했습니다.

그런 상황에서 더욱더 좋은 관계를 만들 수 있는 마법의 단어가 있습니다.

그것은 바로 '역시'라는 단어입니다.

옛날 드라마나 영화 등을 보면 "어머 사장님! 안목이 정말 뛰어나세요!"라고 상대방을 치켜세우는 오글거리는 대사가 자주 나옵니다. 그 시절에는 흔히 볼 수 있던 대화 내용이라 상대방은 기분 나빠하지 않죠. 그런데 안타깝게도 이런 표현은 요즘 시대에 쓰기에는 좀 곤란합니다. 대놓고 칭송하는 말을 했을 때 오히려 상대가 부담을 느끼거나 어색하다고 생각할 확률이 더 높습니다.

이를 대신해서 쓸 수 있는 표현이 바로 "역시!"입니다. 이런 말을 들었을 때 기분 나빠할 사람은 없습니다. 참으로 신기한 단어죠. 이 단어는 이런 문장과 함께 쓰는 것이 좋습니다.

> "거기까지 알아차리다니 통찰력이 대단한데요. 역시
> ○○ 씨답네요."
> "역시 ○○ 씨는 남다르네요. 한 단계 위로 올라가려는
> 의욕이 넘쳐요."

저는 코칭 커뮤니케이션 전문가로 자주 강의를 하는데, 이때 지나치게 칭찬하지 않으려고 주의합니다. 그런데 '역시'는 써먹기 좋은 표현이라 적절히 활용합니다.

다시 말해 '역시'는 대화의 윤활유가 된다는 뜻입니다. 원활하게 대화를 이끌어갈 수 있게 도와주는 표현이니 여러분도 꼭 활용해보세요.

마음을 움직이는
마법의 화법

과한 칭찬은
오히려 역효과가 날 수 있다.

"역시!"라는 말을 듣고 기분 나빠할
사람은 없다.

"역시 ○○ 씨밖에 없네요."
"역시 최고예요."

| 4장 |

말투를 바꾸면
캐릭터가 바뀐다

부정하지 않는 언어 습관을 위한 마인드

무심코 부정적인 말이
튀어나오는 사람을 위한
셀프 코칭

✳

오늘 하루를 실황 중계해본다

"부정적인 말을 하면 안 된다는 걸 너무 잘 아는데요.
습관이 돼서 그런지 자꾸만 튀어나와요."

이번 장에서는 이렇게 말하는 분들을 위해서 셀프 코칭을
준비했습니다.

부정하지 않는 습관을 기르고 싶나요? 그렇다면 밤에 잠
들기 직전이나 아침에 일어나자마자 자기 자신을 되돌아보
는 시간을 가져보세요. 이 시간대가 셀프 코칭하기 가장 좋

습니다.

셀프 코칭은 말 그대로 스스로를 코칭하는 것입니다. 잠자기 전, 샤워할 때, 일어난 직후 등등 혼자 가만히 생각할 수 있는 시간대를 활용하면 좋습니다.

먼저 셀프 코칭을 할 때, 당신이 가져야 할 기본적인 마음가짐을 알려드릴게요.

우선 방법론에 치중하지 말고, 나 자신을 제대로 이해하는 게 중요합니다. 한마디로 지피지기(知彼知己)면 백전불태(白戰不殆), 우선 '나를 알고 상대를 알아야 한다'는 말입니다. 그러려면 오늘 있었던 일들을 실황 중계하듯 되돌아봐야 합니다.

오늘 어떤 하루였나?

바빴나 아니면 비교적 여유로운 하루였나?

어떤 사람과 함께 시간을 보냈나?

그 사람과 대화를 나누는 과정에서 어떤 감정이 생겼다가 사라졌나?

이렇게 되돌아보세요. 이렇게 하루를 복기하다 보면 무엇이 잘못됐는지, 어떻게 하면 좋을지, 자꾸 개선할 방법에 대해 생각이 집중될 수 있습니다. 그런데 지금은 그런 방법론에 대해 생각할 시간이 아닙니다. 그럴 때마다 다시 질문으로 돌아가세요.

지금 중요한 것은 일어난 사실만을 있는 그대로 파악해보는 겁니다. 그렇게 하다 보면 내가 오늘 누군가와 대화하는 과정에서 무심코 부정적인 말을 해버렸다는 걸 깨닫게 됩니다. 자, 그 장면을 떠올리며 나 자신의 심리에 대해서만 생각해보세요. 상대방에 대한 기대가 컸는데 배신당했나요? 아니면 내 마음속 깊은 곳에 상대방에 대한 열등감이나 질투심이 들어 있었나요? 어쩌면 사랑받고 싶었지만 사랑을 주지 않는 상대방에 대한 원망이었을지도 모릅니다. 뭐가 됐든 간에 그 이면에는 복잡한 마음의 그물이 걸려 있을 겁니다. 저는 부정을 유발하는 근본적인 이 감정을 '에센스(essence)'라고 부릅니다.

✳

하루를 쪼개서 그대로 재현하는 트레이닝

자, 여기까지 실행해보고 자기 마음속에 들어 있는 에센스가 뭔지 제대로 파악하게 되었나요? 만약 그걸 알게 되었다면 절반은 성공한 것입니다. 인과관계가 명확해졌기 때문입니다.

인과관계를 정확히 이해하게 되면 자기 자신을 객관적으로 바라보는 눈이 생깁니다. 그리고 부정하는 게 유일한 선택이 아니라 다른 방법도 있다는 걸 비로소 깨닫습니다.

이제 좀 더 구체적인 사례를 들어볼게요.

당신은 지금 다음 달에 소비자를 대상으로 프레젠테이션할 신제품 광고 기획에 대해 팀원과 대화를 나누고 있습니다.

당신이 중간에 말을 자르고 자신의 아이디어를 제안하자 짜증이 난 팀원이 이렇게 말합니다.

"알아서 하세요!"

그러고 나서 자기 자리로 돌아가버립니다.

이 사건이 벌어진 날을 되돌아보며 다음 네 가지 질문을 던지며 실황 중계해봅시다.

다시 한번 강조하지만 실황 중계를 할 때는 벌어질 일들에 대한 사실 확인에 집중하면 됩니다. 개선책을 이야기하는 건 지금 단계에서 할 일이 아니라는 걸 명심하세요.

무슨 일이 일어났나?
→ **대화하는 도중에 팀원이 짜증을 내며 "알아서 하**

세요!”라고 말하고는 자기 자리로 돌아갔다. 나
도 화가 나서 아무런 후속 조치도 하지 않고 퇴근
했다.

무엇이 잘됐나?

→ 평소에는 자기 의견을 잘 말하지 않았던 팀원이,
오늘은 자기 생각을 털어놓았다.

무엇이 잘 안 됐나?

→ 팀원의 의견을 듣고, 무심결에 부정적으로 반응
해버렸다.

상대방을 부정했나? 그렇다면 왜 부정했나?

→ 당연히 부정적으로 답변했다. 회사로서는 절대
실현할 수 없는 의견이었기 때문이다. ‘기대감을
주는 건 좋지 않다’, ‘먼저 깨닫게 해주자’는 생각
이 들었고, 오히려 빨리 아니라고 말하는 게 팀원
을 도와주는 거라고 생각했다.

이렇게 섣불리 해결책을 모색하는 게 아니라 냉철하게 상황만 되짚어보는 겁니다. 그러면 부정을 유발한 핵심 감정, 즉 '에센스'가 뭔지 짐작할 수 있습니다. 이 대화에서는 '팀원을 도와주자고 생각한 마음'이라 할 수 있습니다. 이렇게 에센스를 파악하고 나면 비로소 다른 선택지가 보입니다.

'정말 도와주고 싶은 마음이 있었다면 다른 표현을 써도 좋았을 텐데……. 팀원의 의견을 인정한 다음에 "아쉽지만 현재 회사 상황에서는 이런저런 이유로 실현하기가 어려우니 지금은 보류하는 게 좋을 거 같아"라고 말했다면 팀원도 짜증을 내지 않았을 텐데…….'

이렇게 스스로 생각이 정리될 수 있습니다. 만약 오늘 하루 부정적인 말로 누군가에게 응수해서 후회가 된다면 이렇게 침착하게 실황 중계를 하며 하루를 되돌아보세요. 이것이 부정하지 않는 습관을 익히는 셀프 코칭의 기본입니다.

✱

당신의 의견은 생각보다 필요하지 않다

실황 중계 방법뿐만 아니라 되돌아보기 셀프 코칭을 하다 보면 오히려 부정적인 생각이 떠오른다고 하는 분들이 많습니다.

지나간 시간을 떠올리며 자신의 언행을 반성하다 보니 '이렇게 했으면 좋았을 텐데'라고 후회하면서 자신을 탓하게 되는 건 어쩌면 당연한 일입니다.

그래서 셀프 코칭을 할 때 잊지 말아야 할 중요한 '어떤 인식'이 있습니다. 그것은 바로 상대방에게 내 의견이 생각보다 필요하지 않다는 인식입니다.

이게 무슨 말일까요?

당신이 상대보다 상대적으로 지위가 높은 사람이라면 이미 존재만으로도 역할을 다했다는 뜻입니다.

이를테면 앞서 예로 든 팀장과 팀원의 대화에서 당신이 팀장이라면 팀원에게 무엇을 주어야 할까요? 바로 상대방이 이야기를 하고, 자기 관찰을 할 수 있는 '조용한 시간'입니다.

그런데도 뭔가를 해야만 한다는 생각에 쓸데없는 말을 계속하게 되면, 가만히 있으면 채워질 역할을 스스로 포기하는 꼴이 됩니다.

당신이 적극적으로 뭔가를 하거나 조언이나 충고를 늘어 놓는 걸 상대방은 바라지 않습니다. 대개의 사람들은 이미 자신의 마음속에 답이 들어 있는데도 자꾸 타인에게 확인받으려고 하는 습성이 있습니다. 이 책을 읽고 있는 당신도 대화를 하는 상대방에게 바라는 것은 사실 단 하나일 겁니다. 조용히 내 얘기를 들어주는 것을 말이죠. 적어도 대화 도중에 끼어들어 듣기 싫은 충고나 설교를 하는 것은 당신도 바라지 않을 겁니다. 만약 상대방이 적극적으로 조언을 구하는 상황이 아니라면 조용히 들어주는 것이 최선입니다. 가만히 들어주다 보면 상대방은 스스로 자신의 상황을 관찰하고 되돌아볼 시간을 가질 거예요. 잘 되지 않는다면 마음속으로 이렇게 되뇌어보세요.

> '지금 얘기하는 상대는 이미 성인이다. 객관적인 조언이나 판단을 원한다면 그가 먼저 요구할 거다. 그러지 않는다는 건 조용히 들어주기를 바라는 거다.'

대화할 때는 기본적으로 '내가 여기에 있는 것만으로도 이미 역할을 다했다'고 생각하는 게 최선입니다. 이 생각이야말로 부정하지 않는 셀프 코칭의 중요한 전제 조건입니다.

당신의 의견은
생각보다 필요하지 않다.

말투를
개선하는
여섯 줄 대화법

✳

시나리오 작가처럼 대사를 써본다

사람들은 대부분 대화할 때, 무심코 상대방의 말꼬리를 잡고
늘어지는 버릇이 있습니다.

> "어제 라멘이 먹고 싶어서 단골 라멘집에 갔더니 쉬는
> 날이더라."
> "바보 아니야? 영업하는지 검색을 해보고 갔어야지."

물론 친한 정도에 따라서 아무렇지 않을 수도 있지만 상

대방이 누구냐에 따라서 기분이 나쁘거나 상처받을 수도 있는 말입니다. 또 만약 자신이 상대방보다 인생 경험이 훨씬 풍부하다고 생각하고 있을 경우에는 이렇게 조언할 수도 있습니다.

> "어제 라멘이 먹고 싶어서 단골 라멘집에 갔더니 쉬는 날이더라고요."
> "으이구, 시간 낭비했네. 근데 살다 보면 그런 날도 있어. 지난 일은 잊어버리는 게 좋아."

주변에 이런 식으로 말하는 사람, 꼭 있지 않나요? 이때 조언하는 입장에서는 상대방에게 유익한 말을 해줬다고 뿌듯해할지도 모르지만 착각은 금물입니다. 상대방은 이미 마음속으로 '잘 알지도 못하면서 왜 다 아는 것처럼 말하지…….재수없어'라고 생각하고 있을지도 모릅니다. 이런 유형이 있는 반면에 개중에는 상대방의 속마음을 어림짐작하며 이렇게 말하는 사람도 있습니다.

> "어제 라멘이 먹고 싶어서 단골 라멘집에 갔더니 쉬는 날이더라."

"그랬어? 그럼 오늘 그 가게에 가서 같이 라멘 먹을래?"

군이 이렇게 답하는 이유는 '어제 못 먹었으니까 오늘은 먹고 싶어서 나한테 말한 게 분명하다'는 생각에 먼저 선수를 친 것입니다. 언뜻 재치 있어 보이지만 사실 이것도 정답은 아닙니다.

커뮤니케이션 코칭을 할 때 기본 원칙은 과거가 아니라 미래의 이상적인 모습을 상상하면서 대화의 방향을 설정하는 것입니다. 이른바 미래지향적 사고를 갖는 것이 목표인 거죠.

물론 독자 여러분은 전문 코치가 아니기 때문에 그렇게까지 할 필요는 없습니다. 그래도 한 가지 연습법을 소개할 테니 꼭 한 번 시도해보세요.

앞에서 소개한 라멘에 대한 대화를 예로 들어 그 방법을 알려드릴게요. 먼저 당신이 시나리오 작가가 되어서 지금 대사를 쓰고 있다고 상상해보세요. 시나리오가 어렵다면 여섯 컷짜리 만화를 상상해보는 것도 괜찮습니다. 그렇다고 실제로 그림을 그려서 만화로 만들 필요는 없습니다. 그림 없이 대사만 쓰는 '여섯 줄짜리 대화'만으로도 같은 효과를 얻을 수 있습니다.

그럼 바로 해볼까요?

방금 예로 든 라멘에 대한 대화는 어떻게 전개하면 좋을까요? 아마 이 책을 여기까지 읽은 독자라면 제가 무슨 말을 할지 알고 계실 겁니다.

맞습니다. 바로 앞서 설명한 내레이션 화법을 써보는 겁니다. 상대방의 말을 그대로 따라 할 것을 염두에 두고 상상력을 발휘해 여섯 줄짜리 대화로 만들면 다음과 같습니다.

"어제 라멘이 먹고 싶어서 단골 라멘집에 갔더니 쉬는 날이더라."

일단 이 말을 첫마디로 설정합니다. 그러고 나서 나눌 수 있는 대화를 이렇게 써봅니다.

① "어머, 그랬어? 어제 라멘이 먹고 싶어서 단골 라멘집에 갔더니 쉬는 날이었어?"

② "응, 그래서 어쩔 수 없이 처음 가는 라멘집에 가봤어."

③ "아, 그래~ 그래서 처음 가는 라멘집에 갔구나."

④ "근데 엄청 맛있더라. 단골 가게가 문을 닫아서 다행이었어."

⑤ "그런 가게가 있구나(인정). 좀 더 자세히 말해봐."

⑥ "가게 홈페이지 URL 보내줄게. 조만간 같이 가자."

이런 시나리오를 상상해보는 것이 말투를 개선하는 셀프 코칭 기법입니다.

실제로 누군가와 대화할 때 부정적인 반응을 했던 적이 있다면 그 대화를 복기하면서 어떻게 답하면 더 좋았을지 생각해보세요. 그러고 나서 여섯 줄 정도(줄 수가 약간 늘거나 줄어들어도 괜찮다) 시나리오를 써보면 됩니다.

과거가 아니라
미래의 이상적인 모습을
상상하면서 대화한다.

메타인지를
길러주는 심리 실험,
'온 더 체어'

✳

움직이며 관점을 바꾸는 네 가지 스텝

너무나 당연한 이야기인데, 지금까지 설명한 대화에는 등장 인물이 두 명 있습니다. 즉 당신과 상대방이죠. 이제 당신이 상대와 나눈 대화를 객관적인 시각에서 되돌아볼 수 있는 셀프 코칭 방법에 대해 말씀드리겠습니다. 이제부터 물리적으로 움직이면서 할 수 있는 방법을 하나 소개할게요. 조금 넓은 공간에 의자를 세 개 준비한 다음 삼각형이 되도록 배치합니다. 그리고 다음 네 가지 스텝을 따라 해보세요.

✳

스텝 1   내 의자에 앉아서 말을 재현한다

먼저 세 개의 의자 중 하나에 앉아보세요.

여기가 당신의 포지션입니다. 그리고 다음 질문에 답해보세요.

> "먼저 이 의자에 앉아서 당신이 부정했던 대화를 재현해보세요. 당신은 상대방에게 뭐라고 말했습니까?"

이 질문이 시작입니다. 잠시 곱씹으면서 자신이 한 말을 재현합니다. 이때 소리 내어 말하는 게 중요합니다. 다 말했다면 다음 질문에도 답해보세요.

> "그 말을 했을 때, 당신은 기분이 어땠습니까?"

예를 들어 다음과 같이 답했다고 가정해봅시다.

> "너무 화가 나서 그만 딱 잘라 말했어요."

이 경우에는 당신이 화가 났다는 감정이 잘 드러납니다. 꼭 그 순간의 감정을 떠올려보세요.

✳

스텝 2 상대방 의자에 가서 앉는다

여기까지 했다면 이제 맞은편에 있는 의자에 가서 앉아보세요.

맞은편 의자는 당신이 방금 대화를 나눴던 상대방의 의자입니다. 당신 맞은편에 있는 의자와의 거리감은 어느 정도인가요?

무릎과 무릎이 맞닿을 정도로 가까운가요? 아니면 방 양쪽 끝만큼 멀리 떨어져 있나요?

그 사람과의 관계가 가까운지 먼지를 생각해보고 그 거리를 알 수 있게끔 의자 위치를 조정해서 앉아보세요. 맞은편에는 지금까지 당신이 앉아 있던 '내 의자'가 보일 겁니다.

이제 제가 한 가지 지시를 할 테니 잠시 시간을 가지고 상상해보세요.

"당신은 지금, 당신이 대화를 나누던 상대가 되었습니다. 상대방의 제스처나 표정 등을 살짝 흉내 내면서 상대방이 되어보세요."

이상으로 스텝 2의 준비가 끝났습니다. 여기서 제가 한 가지 질문을 할 테니 상대방의 입장에서 대답해보세요.

"당신은 상대방이 부정하는 말을 들었을 때, 기분이 어땠습니까?"

이때 꼭 상대방이 되었다는 마음으로 감정 이입을 하면서 대답하세요. 예를 들어 당신이 이런 대답을 했다고 가정해봅시다.

"너무 불쾌하더라고요. 자기가 못하는 줄도 모르고 왜 그렇게 멋대로 지껄이는지 원."

이 과정이 정말 중요합니다. 상대방의 입장에서 어떻게 생각하고 느끼는지를 직접 느껴보는 거죠. 물리적으로 몸을 움직여서 생각해보면 상대방의 입장에 더 잘 이입될 수 있습니다. 책상에 앉아서 생각만 하지 말고 꼭 한번 이렇게 직접 몸을 움직이며 시도해보세요.

이제 제가 또 한 가지 질문을 하겠습니다.

"혹시 또 다른 할 말이 있습니까?"

그러면 당신은 이런 대답을 할지도 모릅니다.

"그리고 이 사람 말인데요, 아픈 데를 찌르지 말았으면 좋겠어요. 콕 집어 지적하는데 너무 듣기가 싫어요. 그래서 확 짜증이 나나 봐요."

이것으로 스텝 2가 끝났습니다.

✳

스텝 3 두 사람의 대화를 듣고 있던 제삼자가 되어본다

이제 마지막 의자로 이동하세요.

다음 의자는 지금까지 앉았던 두 의자를 살펴볼 수 있도록 조금 떨어진 곳에 놓습니다.

세 개의 의자 모서리에 선을 그으면 삼각형이 만들어지는 이미지입니다.

이 의자는 이른바 가상의 의자로, 제삼자의 입장에서 바라보는 자리를 상상한 것입니다. 좀 더 구체적으로 말하자면 누군가가 두 사람의 대화를 숨어서 지켜보고 있었다는 걸 가상으로 재현하기 위한 자리입니다. 그 의자에 앉은 당신은 두 사람이 대화하는 모습을 차분하게 지켜보는 상황입니다.

그 상황에서 제가 하는 질문에 답해보세요.

> "두 사람의 대화를 차분하게 들으면서 어떤 생각을 했습니까?"

당신의 예상 답변을 적어보자면 다음과 같습니다.

> "이 두 사람은 늘 쓸데없는 얘기를 하는 것 같아요. 상대방의 아픈 데를 찌르더라도 말투를 좀 신경 쓰면 좋을 텐데……. 말투를 조금만 바꿔도 좀 더 건설적인 대화를 할 수 있을 것 같거든요. 그런 식으로 말하면 불난 데 부채질하는 꼴인데 왜 그걸 모를까요?"

이렇게 차분하면서도 비교적 냉철하게 '객관적 관점'을 느낄 수 있다면 의자를 옮길 타이밍입니다.

스텝 4 처음에 앉은 의자로 돌아가서 다시 생각한다

어서 오세요. 긴 여정을 거치느라 조금 지쳤을 텐데 정말 수고하셨습니다. 스텝 4에서는 첫 번째 의자에 다시 앉아볼게요. 첫 번째는 당신의 의자였습니다. 그러면 다시 한번 두 가지 질문을 하겠습니다.

> "당신은 당신 자신으로 돌아갔습니다. 상대방 의자와 제삼자 의자에 앉아보니 어떤 것을 알 수 있었습니까?"
> "알게 된 것을 바탕으로 생각해보세요. 더 잘하려면 어떻게 해야 할까요?"

이것이 물리적으로 움직이면서 상대방이 어떤 기분인지를 느껴보는 심리 실험의 대략적인 흐름입니다. 이 심리 실험의 핵심은 상대방의 입장이 되어보는 겁니다. 실제로 상대방 의자에 앉아보면 생각보다 더 쉽게 상대를 부정하던 자신의 모습을 관찰할 수 있습니다. 또한 스텝 3에서 제삼자의 입장도 경험할 수 있으므로 자기 객관화할 수 있는 기회를 얻게 됩니다.

그러면 객관적인 통찰력이 생기고, 또 다른 해결 방법도 떠오를 수 있습니다. 약간의 공간과 시간이 필요한 심리 실험이지만 막상 실천해보면 새로운 시각과 더불어 메타인지까지 기를 수 있으니 꼭 한 번 시도해보세요.

상대방의 시각과
제삼자의 시각에서
나를 다시 바라보라.
분명 새로운 해결책이
떠오를 것이다.

다 안다고
생각하는 것이
가장 위험하다

셀프 코칭은 실천하지 않으면 의미가 없다

지금까지 혼자서 말투를 교정하는 코칭 기술에 대해 알려드
렸는데 어떠셨나요? 독자분들 중에서는 어디선가에서 이미
들어봤고 다 아는 방법들이라고 생각할 수도 있습니다.

그런데 알고 있다고 생각하는 것도 직접 해보는 것과는 엄
청난 차이가 있습니다. 내가 이미 알고 있다고 생각하는 것은
당신의 착각일 수 있습니다. 실제로 내 몸으로 재현해봐야 어
떻게 변화해야 하는지 감이 잡힙니다. 알고 있다고 해도 실천
하지 않으면 아무것도 달라지지 않습니다.

제가 교육 강사로 활동할 때 자주 겪었던 일들에 대해 말하자면 "뭐야, 다 너무 쉬운 거잖아!" 혹은 "그거 다 아는 건데요"라고 말하는 수강생일수록 현장에서 제대로 하지 못하는 경우가 많았습니다. 이렇게 방법을 아는 것과 실제로 몸으로 해보는 것은 완전히 다릅니다.

단적인 예를 하나 들어볼게요. 제가 어떤 신입 코치에게 사람들을 코칭할 때 웃으면서 얘기했으면 좋겠다고 조언했더니 그는 이렇게 반론했습니다.

"저 지금 웃으면서 하고 있는데요. 더 이상 어떻게 웃어요."

그래서 시험 삼아 저는 그 코치가 코칭하는 모습을 녹화해서 본인에게 보여주었습니다. 그러자 그는 놀라며 이렇게 말했습니다.

"아……제가 이렇게 안 웃었나요…….'

이처럼 이미 알고 있다고 생각하는 것도 실제로는 잘 못하는 경우가 흔합니다.

이 때문에 코칭 자격을 취득하는 과정에서도 학습 시간과 경험 시간을 모두 충족해야 한다고 규정하는 기관이 많습니다. 실제로 국제코칭연맹 ACC 자격을 취득할 때에도 학습 시간 60시간, 경험 시간 100시간 이상을 신청 조건으로 정하고 있습니다(※이 책 집필 시점).

학습 시간보다 경험 시간을 더 많이 이수하도록 규정한 이 사례만 봐도 직접 해보는 것이 얼마나 중요한지 잘 알 수 있습니다.

✳

인도에 전해 내려오는 약 이야기

예전에 어딘가에서 이런 이야기를 들은 적이 있습니다.

> 인도 어느 마을에 아주 유명한 명의가 있었다. 먼 마을에 살던 병든 사람 한 명이 명의에게 진찰을 받으려고, 먼 길을 마다하지 않고 찾아왔다. 남자는 천하에 명성이 자자한 명의에게 약을 처방받고 기뻐하며 마을로 돌아갔다.
>
> 마을로 돌아온 남자는 소중한 약을 제단에 올려놓고 날마다 절을 했다.
>
> 그리고 마을 사람들에게 "나는 천하의 명의한테 진찰을 받고 약도 처방받았다"고 자랑하며 다녔다.
>
> 그런데 그 약이 너무나 소중한 나머지 제단에 모셔두기

만 하고 감히 먹지는 못했다.

그래서 결국 그의 병은 끝내 낫지 않았다고 한다.

어떤가요?

너무나 당연한 이야기지만 아무리 효과가 좋은 약이 내 눈 앞에 있어도 실제로 먹지 않으면 병이 낫지 않는다는 걸 말하고 있습니다.

바꿔 말하면 아무리 나에게 도움이 되는 조언이더라도 '그걸 누가 몰라?' 하면서 실제 삶에 응용하지 않으면 아무것도 나아지지 않는다는 것입니다.

만약 당신이 이 책을 읽고 '당연한 소리하고 있네' 하고 넘겨버린다면 저 이야기의 주인공처럼 될 수도 있다는 걸 기억하세요.

아무리 좋은 약이
눈앞에 있어도
내 입으로 직접 먹지 않으면
아무런 효과가 없다.

5장

꼭 내 편이 아니어도
적을 만들 필요는 없다

인간관계에서 신뢰가 쌓이는 대화 기술

다섯 문장만으로도
괜찮은 관계를
만들 수 있다

장단 맞추기는 떡메치기와 같다

앞에서 상대방이 이야기를 다 끝낼 때까지 말을 자르지 말고
기다리는 게 중요하다고 말씀드렸죠. 그런데 이때 그냥 무조
건 잠자코 있으라는 건 아닙니다. 상대의 말에 맞장구를 치면
서 계속 이야기할 수 있도록 유도하는 게 좋습니다.

상대방이 대화 도중에 잠시 숨을 고를 때, 적절한 타이밍에
맞춰 추임새를 넣으세요. 떡메치기를 하는 두 사람이 되었다
고 상상하면 이해하기 쉬울 겁니다.

맞장구는 떡메치기와 비슷합니다.

떡메치기에서 장단에 맞추어 떡메를 내려치는 이유는 전체적으로 균일하게 떡을 치고, 절구에 떡이 달라붙지 않게 하는 데 있습니다. 대화에서도 맞장구를 잘 치면 상대방의 이야기를 단편적이 아니라 전체적으로 깊이 파고들면서 들어줄 수 있습니다. 또한 대화가 중간에 멈추지 않고 계속해서 이어지게 하는 효과가 있습니다. 이것이 바로 맞장구의 순기능입니다.

맞장구는 떡메치기에서 떡을 살짝 뒤집는 일이기 때문에 짧은 말로도 충분합니다. 장황하게 긴말을 해서는 안 됩니다. 떡메를 치는 사람으로 비유하자면 그러다가 떡메로 손을 두들겨 맞을 수도 있습니다.

그러므로 상대방에게 뭔가 유익한 말을 전달해야 한다는 쓸데없는 생각은 버리고, 짧고 간결하게 맞장구만 친다고 생각해보세요. 그렇게만 해도 괜찮은 관계를 만들기에는 충분합니다. 맞장구의 기본적인 표현에는 다섯 가지가 있습니다.

"아~그렇구나."
"좀 더 자세히 말해봐."
"또 다른 건?"
"아~그런 거야?"

"그래서?"

조금 극단적인 얘기인데요. 이 다섯 가지 표현을 메모해두고 상대방의 이야기에 맞춰 순서대로 쓰기만 해도, 대화는 원활하게 흘러갑니다. 굳이 멋있는 말, 좋은 말을 해주려고 노력할 필요가 없다는 거죠. 세상에서 가장 좋은 사람은 '내 이야기를 진심으로 들어주는 사람'이죠. 상대방과 좋은 관계를 맺고 싶다면 다른 건 제쳐두고 이것부터 꼭 실천해보세요. 그러면 그는 '오늘은 많은 이야기를 할 수 있어서 정말 좋았다'며 만족감을 느낄 거예요.

✳

대화는 접시 돌리기처럼 한다

누군가와 대화를 나눌 때, 머릿속으로 이런 모습을 떠올려보세요.

> '나와 상대방 사이에 접시 한 장이 막대기 끝에서 빙글빙글 돌고 있는 모습.'

이 접시가 나와 상대방이 현재 대화하는 모습을 나타냅니다. 접시가 빙글빙글 잘 돌아가고 있다면 양호한 상태입니다. 딱히 접시를 신경 쓰지 않아도 대화가 원활하게 이루어진다는 걸 뜻합니다. 그런데 이때 내가 상대방을 부정한다는 건 잘 돌고 있는 접시를 손으로 치우거나, 멈추려다 떨어뜨리거나, 다른 접시를 옆에서 돌리기 시작하는 행위와 같습니다. 앞쪽에서 소개한 내레이션 화법, 상대방을 인정하는 화법 등을 잘 활용하면 접시를 더 잘 돌릴 수 있습니다.

참고로 부부 싸움의 경우에도 대화할 때 어느 한쪽이 상대방의 말을 부정하면서(즉 대화 도중 다른 접시를 옆에서 돌리면서) 일어나는 경우가 많습니다.

서로 상처 주지 않는 대화는 접시 한 장을 깔끔하게 돌리는 상태를 유지하는 게 가장 좋습니다. 그것을 통제하는 사람은 바로 당신입니다.

접시 하나가 돌아가는 모습을 떠올리는 방법은, 상대방과 대화할 때뿐 아니라 회의나 미팅에서 토론을 착착 진행하고 싶을 때에도 효과적입니다.

지금 이야기하고 있는 안건이나 논의 내용이 접시 한 장입니다. 모두가 이 접시를 잘 돌리고 있는지 생각해보세요. 다른 접시를 돌리기 시작하는 사람, 손으로 접시를 떨어뜨리려

고 하는 사람이 없는지를 지켜보면서 퍼실리테이션^{facilitation,}

그룹의 구성원들이 효과적인 기법과 절차에 따라 적극적으로 참여하고, 상호작용을 촉진하여 목적

을 달성하도록 돕는 활동을 말한다. 한국퍼실리데이터협회 참조−옮긴이 하세요.

꼭 내가 멋있는 말을 해줘야 하는 건 아니다.

맞장구만 잘 쳐도 신뢰가 쌓인다.

"아, 그렇구나!"

관계를
돈독하게 만드는
질문법

✳

두 가지 질문법을 활용한다

이제부터 인간관계에서 신뢰를 쌓을 수 있는 대화 기법을 소개하겠습니다. 누구와 어떤 대화를 할 것인가는 독자분들이나 대화 상황에 따라 달라질 수 있습니다. 여기서 소개할 대화 기법은 질문의 기술입니다.

첫 번째는 두 가지 질문을 잘 구분해서 쓰는 법에 대해 이야기할게요.

아시다시피 상대방에게 무언가를 물어볼 때, 질문하는 방법은 크게 두 가지로 나눌 수 있습니다. 바로 열린 질문

(opened question)과 닫힌 질문(closed question)입니다.

두 가지 질문의 차이점을 이해하고 구분해서 쓴다면 상대방과의 대화를 잘 통제할 수 있고, 부정하는 화법을 저절로 쓰지 않게 됩니다.

사실 열린 질문과 닫힌 질문에 대한 해석이 최근에 많이 달라졌습니다. 불과 십여 년 전만 해도 닫힌 질문을 아예 쓰지 말고 열린 질문만 해야 한다고 조언했습니다. 그런데 지금은 두 질문의 장점을 살려서 적절히 섞어 쓰는 것이 효과적이라고들 이야기합니다. 그럼 두 가지 질문의 특징을 살펴볼게요.

✳

열린 질문

당신이 구체적인 예시를 들지 않고, 상대방이 자유롭게 대답할 수 있도록 유도하는 질문 방법입니다. 말하는 시간은 당신(질문하는 쪽)에 비해 상대방(대답하는 쪽)이 길다는 것이 특징이죠. 대답하는 사람의 자유도는 높아지지만, 정신적 부담은 커집니다. 물론 정신적 부담이 커진 만큼 자립심과 창의성은 향상되기 쉽습니다.

✳

닫힌 질문

당신이 구체적으로 질문하고, 상대방이 '네', '아니요'로 대답할 수 있는 질문 방법입니다. 말하는 시간은 당신(질문하는 쪽)이 길고, 상대방(대답하는 쪽)이 짧다는 것이 특징이죠. 상대방은 '네', '아니요' 중 하나만 선택하면 됩니다. 따라서 심리적 안정감을 조성하는 데 탁월한 효과가 있습니다. 다만 상대방의 자율성이나 창의성은 생기기 어렵습니다.

이처럼 두 종류의 질문에는 정반대의 장단점이 있습니다.

✳

'오픈 → 클로즈' 화법

이제 두 가지 질문을 효과적으로 쓰는 방법을 알려드릴게요.

'먼저 열린 질문으로 물어보고, 같은 내용을 닫힌 질문
으로 다시 한 번 물어본다.'

이 사용법은 세일즈 화법 등에서는 효과 만점으로 정평이
나 있습니다. 그래서 많이들 쓰는 화법입니다. 예를 들면 다
음과 같습니다.

> **"방금 설명한 이 제품의 성능에 대해 어떻게 생각하세
> 요?"**(열린 질문)
> **"음, 글쎄요. ○○ 기능은 아주 유용할 것 같은데요."**
> **"그래요? 지금 제가 설명한 ○○ 기능에 대해서는 아
> 주 유용할 것 같다, 그러니까 호감이 있다는 말씀이
> 시죠?"**(닫힌 질문)

영업 현장에서는 이렇게 열린 질문과 닫힌 질문을 반복하
면서 긍정적인 대답을 쌓아나가는 것이 좋은 결과를 낳습니
다. 이런 화법은 영업할 때뿐만 아니라 팀장과 팀원의 대화에
서도 효과적입니다.

> **"오늘 뭐 하고 싶은 얘기 있으세요?"**

이렇게 물어보는 건 열린 질문입니다. 이 질문에 팀원이
어떤 대답을 하겠죠. 그 대답을 듣고 나서 팀장이 "○○에 대

해 얘기하고 싶은 거죠?"라고 다시 물어보는 건 닫힌 질문입니다.

'아, 나 지금 상대방한테 열린 질문을 했네.'
'방금 닫힌 질문을 했네.'

이렇게 내가 한 말이 어떤 종류의 질문인지를 생각하면서 말하면 대화의 방향은 관리하기 쉬워집니다. 또 한 가지 예를 들어볼게요. 회사에서 누군가 업무상 실수를 했을 때입니다.

"실수해도 괜찮다고 생각하는 거야?"

이것은 사실상 닫힌 질문입니다. 이 말을 들은 사람은 아무리 생각해도 뭐라고 답변해야 할지 선택지가 없습니다. 이럴 때는 이렇게 열린 질문으로 바꿔서 물어보면 어떨까요?

"○○ 건에서 실수했네. 무슨 일 있었어요?"

이렇게 물어보면 상대방에게는 변명할 여지가 생깁니다. 저는 기업 대상의 코칭을 많이 하면서 팀장과 팀원 간에 발생하는 모든 문제가 결국에는 커뮤니케이션에서 비롯된다는 걸 자주 느낍니다. 이렇게 팀장이 열린 질문을 하게 되면 팀원은 솔직하게 무슨 일이 있었는지 털어놓을 수 있게 됩니다. 그러면 양쪽이 중요한 정보를 공유할 수 있게 되고 서로 오해하는 일이 줄어드는 거죠.

> "팀장님, 사실 그 고객 말인데요, 악질 중에 악질이에요. 이번 건도 저희가 실수한 거 아니에요. 계속 이런 식이면 이번 거래를 마지막으로 관계를 끝내려고요."

만약 당신이 상대방과 신뢰 관계를 만들어나가고 싶다면 일방적으로 몰아붙이지 마세요. 그보다는 일부러 빠져나갈 구멍을 주거나 속사정을 털어놓도록 기회를 주는 것이 좋습니다.

이렇게 물어보는 방법도 있습니다.

> "이번 실수를 교훈 삼아 다음번에 잘하면 되죠. 그러려면 어떻게 해야 할까요?"
> "제가 어떻게 도와드리면 될까요?"

이것이 미래지향적으로 상대방에게 개선책을 찾아볼 수 있게끔 유도하는 열린 질문입니다.

이런 질문을 한 다음에 "같이 해결책을 생각해봅시다", "혹시 내가 도울 일이 있으면 언제든 말씀하세요"라고 말하면 상대방과의 관계는 더욱더 돈독해집니다.

손절할 게 아니라면
상대방이 백 퍼센트 잘못했다고 해도
일방적으로
몰아붙이지 않는다.

"혹시 내가 도울 일이 있으면
언제든 말씀하세요."

상대방과
눈을 마주치는
가장 좋은 타이밍

계속 상대방의 눈을 쳐다보는 건 NG

3장에서 대화할 때는 언어보다 비언어적 표현인 메타 메시지가 중요하다고 말씀드렸습니다.

이번에는 메타 메시지 중 상대방과 눈을 맞추는 행위, 바로 아이 콘택트(eye contact)에 대해 이야기해볼게요.

많은 사람들이 대화할 때는 상대방의 눈을 바라보라고 조언합니다. 그런데 정말 그럴까요?

예전에는 그랬을지 몰라도 지금은 아닙니다. 비대면이 일상화되면서 요즘에는 상대방과 직접 소통하는 것을 어려워

하는 사람들이 정말 많아졌습니다. 세대가 어릴수록 전화조차 부담스러워서 문자로만 소통하는 사람들도 늘고 있습니다. 그러다 보니 대화할 때 눈을 계속해서 쳐다보면 솔직히 부담스러워하는 사람이 더 많습니다. 아무리 '대화할 때는 상대방의 눈을 바라보라'는 말이 있다고 해도, 계속 쳐다보거나 뚫어지게 응시하는 등 지나친 눈 맞춤은 삼가는 것이 좋습니다.

그렇다면 어떻게 해야 할까요?

상대방이 말을 시작할 때, 말을 하다가 잠시 멈출 때, 말을 끝마칠 때. 딱 이 세 타이밍에 상대방의 눈을 바라보세요. 그것만으로도 충분합니다. 말하는 사람의 입장에서도, 상대방이 나를 보고 있는지 아닌지는 처음과 마지막만 인상 깊게 남습니다.

그러므로 말을 시작할 때와 슬슬 말을 끝낼 것 같을 때, 상대방의 눈을 지긋이 바라보는 연습을 하면 됩니다. 그리고 말하는 도중에는 상대방이 말을 잠시 멈추는 그 순간에 "아, 그래요~"하고 맞장구를 치면서 눈을 맞추면 됩니다.

이렇게 하면 상대방에게 부담을 주지 않으면서도 '저 사람은 내 눈을 안 봐'라며 서운해하지도 않습니다.

아이 콘택트는 말을 시작할 때
잠시 말을 멈출 때
말을 끝마칠 때
이상 세 번이면 충분하다.

"아, 그래요~"하면서 눈을 마주친다.

관계를 망치는 말
"아, 그거 알아요!"

'안다'에서 '알 것 같다'로

혹시 대화 중에 이런 말로 맞장구를 친 적이 있지 않나요?

"아, 그거 알아요!"

이렇게 대꾸한 당신에게 하나만 여쭤볼게요. 당신은 그것에 대해 정말로 잘 알고 있습니까?

혹시 상상만으로 어렴풋이 알 것 같다고 착각하는 건 아닌가요?

저도 한번은 이런 일이 있었습니다. 어떤 사람한테 메일 한 통을 받았습니다.

'하야시 선생님, 오늘 상사한테 좀 더 논리적으로 말하라는 얘기를 들었는데요. 어떻게 하면 좋을까요? 정말 고민이에요.'

메일을 읽자마자 저는 반사적으로 '아~ 알아요, 그런 문제'라고 답장을 쓰다가 퍼뜩 정신을 차리고, 메일을 쓰는 손을 멈췄습니다. 문득 머릿속에 이런 말이 떠올랐거든요.

'음……. 내가 정말 알고 있는 걸까? 어쩌면 모르는 걸 수도 있어.'

그리고 상대방에게 이런 답장을 보냈습니다.

> '아~ 그렇군요. 상사분이 좀 더 논리적으로 말하라고 했다는 거죠. 지금 ○○ 님 심정이 어떨지 조금은 알 것 같아요.'

도대체 무슨 말이 하고 싶냐고요? 어떤 경우라도 상대방이 한 말에 '알아요, 그거!'라고 단정적으로 대답하지 말라는 겁니다. 그 대신 '알 것 같다'고 대답하라는 거죠. 왜냐고요? 아무리 당신이 그 상황에 대해 잘 안다고 해도 당신은 그 사람이 될 수 없기 때문입니다. 정말 그 사람이 되어보지 않는 이상 그 마음을 다 알 수는 없습니다. 아무리 생각해도 그건 불가능한 일이죠. 그런데 우리는 무심결에 이런 대화를 자주 하곤 합니다.

"○○라는 영화 봤어? 나 엄청 감동했잖아."
"아, 나도 알아 알아! 나도 감동했어!"

아니요, 당신이 감동한 지점과 상대방이 감동한 지점은 완전히 다를 수도 있습니다.

상대방에게는 지금까지 살면서 겪은 독특한 경험이 있고, 영화 속 주인공과 자신의 인생이 겹치면서 깊은 감동을 받았을 수도 있습니다. 아니면 상대방은 영화보다는 출연 배우의 연기에 감동했을 수도 있습니다.

그런데도 다 알 것 같다고 단정 지으며 '알아, 그거!'라고 말해버리면 상대방은 속으로 '으이구, 아무것도 모르는 주제에……'라고 생각할 수도 있습니다. 잘못 말했다가는 관계를 망치는 말이 될 수도 있다는 걸 꼭 알아야 합니다. 그러므로 상대방과 더 좋은 관계를 맺고 싶다면 '아, 나 그거 알아'를 섣불리 쓰지 않도록 주의해야 합니다.

"내가 잘 모르지만 조금은 알 것도 같아."

"반쯤은 이해할 수 있을 것 같아."

"왠지 조금은 알겠어."

"다는 모르겠지만 조금은 이해했어."

　차라리 이렇게 '다는 모르겠지만……', '내가 잘 모르지만……'이라는 뉘앙스의 말이 훨씬 좋습니다. 이미 발표된 데이터나 뉴스에서 보도된 내용 등 팩트에 기반한 정보에 대해 이야기할 때는 '알아'라는 표현을 써도 괜찮습니다. 다만 주관적인 내용 특히 상대방의 감정에 대해서 말할 때는 '잘 모르지만……', '조금은 알 것 같다……'는 표현을 쓰는 게 대화를 이어 나가기 쉽습니다. 이 점을 꼭 기억하세요. 언뜻 보기에는 너무 세세한 이야기 같아 보일지도 모릅니다. 그런데 이런 말 한 마디, 한 마디가 쌓여 당신에 대한 이미지가 각인된다는 것을 기억해야 합니다.

당신이 아무리 그 상황에 대해
잘 안다고 해도
당신은 그 사람이 될 수 없다.
그러므로 "아, 그거 알아요"라고
함부로 말해서는 안 된다.

"그 심정, 조금은 알 것도 같아요."

허락을 구하는 것만으로도 신뢰가 쌓인다

✳

함부로 남의 집 냉장고를 열지 않는다

"상대방의 이야기를 부정하지 마세요."

제가 이렇게 조언하면 다음과 같이 질문하는 분들이 있습니다.

"부정하는 게 아니라 상대방의 말을 듣고 나서 뭔가 다른 제안을 하고 싶을 때는 어떻게 해야 하나요?"

아주 당연한 질문입니다. 부정과 제안은 다르기 때문에 상대방에게 제안은 할 수 있습니다. 그때 어떻게 말해야 할지 고민이죠? 그 고충을 충분히 이해합니다. 그 질문을 받으면 저는 곧잘 이런 예를 들어 말합니다.

> "남의 집에 처음 방문했는데, 그 사람 집 냉장고를 함부로 열 수 있으세요?"

다들 "아니요"라고 대답하더군요. 여러 번 방문할 정도로 친분이 두터운 사이라면 몰라도, 처음 방문한 사람의 집에서는 함부로 냉장고를 열거나 화장실에 들어가는 것도 실례입니다. 그렇다면 어떻게 해야 할까요? 방법은 여러분도 알다시피 아주 간단합니다. 상대방에게 허락을 구하면 됩니다.

> "내가 보리차를 사왔는데 이거 좀 시원하게 식히고 싶은데. 냉장고 좀 열어도 돼?"
> "화장실 좀 써도 돼?"

이렇게 말이죠. 상대방에게 뭔가를 제안하고 싶을 때도 똑같습니다. 먼저 상대방의 이야기를 잘 이해했다는 점을 확실하게 전달한 후 다음과 같이 말하는 거죠.

"제가 제안할 게 있는데, 얘기해도 될까요?"

"혹시 괜찮으시면 제 얘기 한번 들어보실래요?"

이런 말을 들었을 때 "그 제안 필요 없다"고 말하는 사람은 거의 없습니다.

여기서 포인트를 설명하자면 설령 상대방이 충분히 받아들일 만한 사람이더라도 꼭 먼저 허락을 구한 다음에 제안하라는 겁니다. 그리고 더욱 중요한 것은 당신의 제안을 받아들일지 말지, 그 선택권이 상대방에게 있다는 걸 표현하는 겁니다. 특히 당신이 윗사람인데 아랫사람에게 이런 화법을 쓰면 그 효과는 극대화됩니다.

"제안할 게 하나 있는데, 얘기해도 될까? 받아들여도 되고 아니어도 돼. 반대로 더 좋은 아이디어가 있으면 알려줘도 괜찮고."

"이대로 하라는 게 아니라 해주면 좋고 안 해줘도 상관 없는데, 어때요? 혹시 다른 좋은 아이디어가 있으면 알려줬으면 좋겠어요."

이런 식으로 테이블 위에 '제안'이라는 사과를 올려놓지만, '그것을 집어서 먹을지 말지는 당신에게 달려 있다'는 메시지를 보내는 겁니다.

팀장이 팀원에게 말하든, 팀원이 팀장에게 말하든 이런 화법을 쓰면 신뢰도는 반드시 올라갈 겁니다. 이와 반대로 '이렇게 하는 게 무조건 좋다'면서 상대방이 받아들인다는 사실을 이미 전제로 한 채 말을 꺼내는 사람들이 있습니다. 회사에서는 사장이 직원에게, 집에서는 부모가 자식에게 이런 화법을 쓰는 경우가 정말 흔하죠. 하지만 상대방이 받아들일지 말지에 대한 선택권이 없다면 그것은 제안이 아닙니다. 건방진 조언일 뿐이죠. 아니면 그저 명령일 뿐입니다.

"이건 명령도 조언도 아니고……. 그러니까 하나의 제안으로 들어줬으면 좋겠는데……."

이렇게 운을 떼고 나서 제안하는 건 어떨까요?

내가 아무리 좋은 뜻으로 정말 상대방을 위해서 제안한다고 해도, 화법에 따라 상대방은 자신의 모든 것을 부정당했다고 느낄 수도 있습니다. 그러므로 제안을 할 때는 '상대방에게 허락을 받고 나서 제안한다'는 점을 염두에 두세요.

설령 상대방이 제안 내용을
충분히 받아들일 만한 사람이더라도
꼭 먼저 허락을 구한 다음에
제안한다.

"혹시 괜찮으시면
제 얘기 한번 들어보실래요?"

직언할 때도
허락을 구해야 하는
이유

✳

모드를 바꿔 대화하는 기술

그런데 살다 보면 제안보다는 좀 더 강한 의견, 어쩌면 상대
방 입장에서는 부정적으로 들릴 법한 의견, 즉 직언을 해야
할 때가 분명 있습니다. 이럴 때는 어떻게 해야 할까요?

'나는 결코 감정적이지도, 충동적이지도 않다는 확신이 있
다. 아무리 생각해도 지금 상대방에게 강한 의견을 말해야 할
것 같다……'

나와 상대방의 대화를 차분하게 살펴보고, 나의 감정을 객
관적으로 바라본 후에도 이런 생각이 들 때가 있습니다. 특히

내가 팀장인데 팀원의 업무 진행 과정을 살펴보고 나서 '팀원이 성장하기를 바라는 마음에' 일부러 강한 의견을 전달하거나 지시, 명령을 내리고 싶을 때가 있습니다. 그럴 때는 '대화의 모드를 바꾸는 기술'이 필요합니다.

예전에 어느 회사 사무실에서 인격이 훌륭해 직원들에게 신망이 두터운 영업부장님이 영업부의 사무직 여직원을 질책하는 장면을 목격한 적이 있습니다. 그 여직원은 절대 하면 안 되는 실수를 저질러서 엄청난 클레임이 들어올 뻔한 상황이었죠. 영업부장님은 이렇게 말했습니다.

> "이번에는 어찌어찌 잘 넘어갔지만, 만약 실수한 것도 모르고 그냥 진행했으면 어쩔 뻔했어? 그러면 고객들 클레임 걸려오고, 회사 신용도 떨어지고. A사랑 거래가 끊어지는 게 문제가 아니라 그거보다 더 큰일이 일어난다니까!"

이 말을 듣고 있는 여직원은 고개를 숙인 채 울상을 짓고 있었습니다.

저는 속으로 '거참 너무 심하게 말하시네!'라고 생각하며 지켜보았습니다. 그런데 갑자기 영업부장님이 문득 뭔가 깨달은 듯이 목소리 톤을 바꾸더군요. 그는 잠시 멈칫하더니 갑자기 부드럽게 타이르는 말투로 말했습니다.

"그러니까 다시는 이런 일이 일어나지 않도록, 어떻게 하면 재발 방지를 할 수 있을지 함께 고민해봐요."

아주 멋진 변화였습니다. 심하게 다그치는 말투에서 부드럽게 타이르는 말투로. 음악으로 치자면 메이저 코드에서 마이너 코드로 전환한 거죠.

울상을 짓고 있던 여직원도 다행이라는 듯이 싱긋 미소를 지으며 대답하더군요.

"네! 앞으로는 조심하겠습니다. 그리고 같이 고민해주신다니 정말 감사합니다. 부장님 그럼 잘 부탁드려요."

그 모습을 보면서 저는 '역시 직원들 사이에서 신망이 두터운 리더는 뭐가 달라도 다르구나!'라는 생각이 들었습니다.

✳

각오를 다지는 말은 먼저 전한다

대화의 모드를 바꾸라고 말씀드렸지만 이 영업부장님처럼 부드럽게 잘 넘어가기는 생각보다 쉽지 않습니다. 그러므로 어떤 표현을 쓰면 좋을지 구체적으로 말씀드릴게요.

상대방의 이야기를 끝까지 듣고 나서 지금이 직언해야 할 타이밍이라는 확신이 든다면 지금까지 짓고 있던 온화한 표정을 걱정스러운 표정으로 바꿉니다. 그리고 목소리 톤도 한 단계 낮춰서 이렇게 말하는 겁니다.

> "이건 좀 비판하는 걸로 들릴 수도 있는데, 얘기해도 될까?"
> "내가 조금 모진 말을 해도 될까?"
> "나는 진짜 ○○ 씨가 성장했으면 좋겠어. 그래서 이 자리에서 좀 심한 말을 하고 싶은데, 괜찮아?"
> "섭섭할 수도 있는데, 솔직한 제 의견을 말씀드려도 될까요?"

이렇게 상대방에게 직언을 해야 할 때도 허락을 구하되, 상대방에게 '들을 각오를 단단히 하라는 허락'을 구하는 겁니다. 즉 '이제부터 심한 말을 할 테니 각오하라'는 뜻입니다.

이런 말을 들었을 때 "아뇨, 안 듣고 싶어요. 말하지 마세요"라고 대답하는 경우는 정말 드뭅니다. 대부분의 사람들은 '어떤 심한 말을 들을까?' 두근거리는 마음으로 대답할 겁니다.

"네, 말씀하세요."

그러면 당신은 이 기회에 가감 없는 의견, 솔직하고 강한 의견까지 전달할 수 있습니다. 상대방이 들을 각오를 단단히 했고 이미 정식으로 얘기할 수 있도록 허락했기 때문이죠. 이런 화법을 썼을 때 좋은 점은 상대방이 이 말을 듣고 나서 이미 마음속에 각오를 단단히 한다는 겁니다.

'저 사람이 무슨 말을 하려고 저러지……', '내 인격이 부정당하는 게 아닐까?'라고 최악의 상황까지 염두에 둔다는 거죠. 그러면 어떤 일이 일어날까요? 막상 당신의 직언을 듣고 난 상대방은 이렇게 생각할 겁니다.

'갑자기 목소리를 깔고 무겁게 말씀을 하시니까 도대체 얼마나 심한 말을 하려고 저러나 걱정했는데, 별거 아니어서 다행이다…….'

이렇게 미리 허락을 구하면 직언을 던져도 '이 정도면 괜찮다'고 안도합니다.

설령 예시로 든 문장보다 훨씬 강한 의견을 전달한다고 해도 상대방은 미리 각오를 하고 있었기 때문에 충격이 훨씬 덜할 겁니다. 게다가 얘기하라고 허락한 사람은 바로 자기 자신이기 때문에 당신에게 화를 낼 수도 없는 거죠.

여담이지만 옛날 드라마 〈형사 콜롬보〉와 〈후루하타 닌자부로〉1994년에서 2006까지 후지tv에서 방영된 일본 형사 드라마―옮긴이의 주인공인 콜롬보와 후루하타 형사는 범인과 대화할 때나 상대방이 한 말에 모순을 지적할 때, 다음과 같이 허락을 구했습니다.

"죄송하지만 마지막으로 한마디만 해도 될까요?"

이렇게 말한 다음 핵심을 찌르는 한마디를 던지곤 했죠. 여러분도 이 드라마의 형사들처럼 직언을 해야 할 때는 꼭 이렇게 말해보세요.

살다 보면 직언을 해야 할 때가 분명 있습니다.
그런 상황이 온다면
꼭 상대가 각오를 단단히 할 수 있도록
미리 알려주세요.

"섭섭할 수도 있는데,
솔직한 제 의견을 말씀드려도 될까요?"

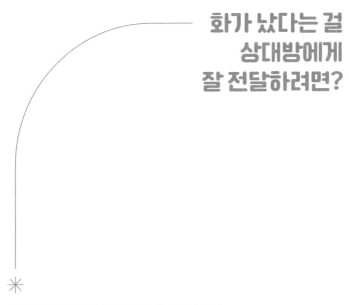

화가 났다는 걸 상대방에게 잘 전달하려면?

상대방의 반응은 내 반응을 비추는 거울

좋은 인간관계를 만드는 대화법에 대한 이야기도 어느새 마지막에 이르렀습니다. 마지막으로 상대방과 대화 중 너무 화가 나서 감정적으로 변할 때, 어떻게 해야 하는지에 대해 말씀드릴게요. 지금까지 상처받지 않는 대화법, 부정하지 않는 언어 습관에 대한 여러 가지 팁을 소개했습니다.

그런데 여러분도 저도 사람입니다. 따라서 상대방의 이야기를 듣다가 마음에 상처를 입고 바로 감정적으로 대응할 때도 있습니다. 이때 중요한 것은 '내가 감정적으로 변했다는 것을 스스로 인지하고 있는가 아닌가'입니다.

'아, 내가 지금 화났구나!'

이렇게 인식한 다음 상대방에게 "나 지금 엄청 화났거든"이라고 말하느냐, 아니면 감정에 휘둘려서 기분 내키는 대로 "야, 웃기지 마!" 하고 급발진하며 소리치느냐는 여기에 달려 있습니다. 똑같이 화를 내고 있지만, 종이 한 장 차이로 상대방의 반응도 완전히 달라집니다.

상대방의 반응은 내 반응을 비추는 거울입니다.

당신이 속으로는 화를 내면서도 선을 넘지 않고 차분하게 말로 전달하면 상대방도 차분하게 받아들이며 대답할 겁니다.

"아, 미안. 내가 너무 심하게 말했지."

하지만 당신이 감정을 그대로 드러내면서 화를 내면 상대방도 똑같이 반응할 겁니다.

"나 웃기는 거 아닌데?"

가는 말이 고와야 오는 말이 고운 법이죠. 아무리 상처받았고 화가 났다고 해도 감정을 급발진하게 되면 결과가 좋지 않습니다. 이 점을 꼭 명심하세요. 물론 분노를 억누를 필요는 없습니다. 하지만 버스가 급출발하듯이 감정을 앞세워서 상대방에게 버럭 화를 내고 나면 좋은 일보다 좋지 않은 일이 더 많이 일어난다는 겁니다. 여기서 중요한 건 내가 지금 화가 많이 났다는 사실을 상대방에게 제대로 전달하는 겁니다. 그래야 상대방도 오히려 안심할 수 있습니다.

그러므로 만약 내가 이 감정을 차분하게 전달할 수 없을 것 같다면 일단 그 자리를 피하는 것도 방법입니다. 그렇게 함으로써 우선 화의 열기를 약간 식히는 거죠. 그리고 나서 충분히 나의 감정을 인식한 후, 상대방에게 전달하세요. 이때 주관적인 정보에서 객관적인 정보로 전환하는 것이 가장 좋습니다.

예를 들어 자꾸 지각하는 직원에게 다음과 같이 이야기해보세요.

> "요즘 지각을 밥 먹듯이 하는데 솔직히 좀 화가 나네요. 지각하는 습관 좀 고쳐줬으면 좋겠는데, 어떻게 생각하세요?"

이렇게 나의 주관적인 감정을 전달한 다음, 객관적으로 개선을 촉구하는 겁니다. 당신이 먼저 말을 걸면 이제 상대방이 대답할 차례입니다.

"죄송합니다. 제가 요즘 너무 피곤해서 아침에 못 일어났네요."

이런 식으로 상대방은 지각한 이유에 대해 설명할 겁니다.

그런데 여기서 당신이 "지각하는 게 잘못이라는 건 알죠?"라고 공격적으로 말하면 상대방은 "네"라고밖에 대답할 수 없습니다.

마지막에 침착하게 "어떻게 생각하세요?"라고 물어보는 것이 포인트입니다.

사람이라면 당연히 상대방에게 화가 날 수도 있고 부정적으로 말할 수도 있습니다. 그리고 사람이기 때문에 감정적으로 폭발하기도 합니다. 또 나는 상대방을 부정할 의도가 없었는데 좋은 뜻으로 내뱉은 한마디가 상대방에게는 상처가 될 수도 있습니다. 아무 생각 없이 던진 한마디 때문에 분위기가 어색해지기도 하고요.

우리 모두는 이런 일들을 종종 겪으면서 살아갑니다. 물론 이런 모든 일들을 사전에 예방할 수는 없겠죠. 하지만 만약 당신이 살면서 이런 상황에 처했을 때 이 책에서 소개한 마인드와 습관을 떠올려보세요. 이대로만 실천한다면 당신의 인간관계는 훨씬 더 편안해질 것입니다.

인간관계가 늘 좋을 수는 없다.
사람 때문에 상처받거나 화가 났다면
나의 감정을 인식한 다음
상대방에게
있는 그대로 메시지를 전달한다.

"자꾸 그러시니까
제가 화가 많이 나는데
어떻게 생각하세요?"

무슨 일이 일어났든,
오늘 다시 시작할 수 있다

과거에서만 맴돌면 아무것도 변하지 않는다

지금까지 오랫동안 전문 코치로 일했던 경험을 살려 일상생활에서 실천해볼 수 있는 '상처받지 않는 대화법'에 대해 소개했습니다. 이 책을 쓰면서 저는 스스로를 되돌아봤습니다.

'나는 무의식적으로 누군가를 부정하거나 상처를 줬던 적이 없었을까?'

이렇게 되돌아보니 커뮤니케이션 전문가인 저도, 꽤 많은 순간에 상대방을 부정하거나 결과적으로 상처가 될 만한 커뮤니케이션을 많이 했다는 걸 알게 되었습니다.

우리는 감정을 가진 인간이기 때문에 그 감정에 휩쓸려 상대방을 부정하거나 강한 말투로 상대방을 제압하고 싶을 때도 당연히 있습니다. 그리고 친절하게 조언하고 싶은 순간도 있죠.

그것은 대화 전문가인 프로 코치들도 사실 마찬가지입니다. 살다 보면 정말 화가 나는 일이 생기게 마련이고 누구나 화의 충동을 억제하지 못할 수 있습니다.

제가 독자 여러분에게 마지막으로 전하고 싶은 이야기는, 그런 충동을 모두 억제하고 '부정을 배제한 채 긍정적이기만 한 삶을 살았으면 좋겠다'가 아닙니다.

'무슨 일이 일어났든, 오늘 다시 시작할 수 있다.'

바로 이런 메시지를 전하고 싶습니다. 저는 이것을 '회복 시도(recovery attempt)'라고 부릅니다. 이미 일어난 일, 즉 과거에 대해서만 생각하면 아무것도 변하지 않습니다. 하지만 미래에 대해 계획하고 연습을 반복하면 일상은 달라집니다. 변화, 즉 '회복 시도'는 나 스스로가 선택하고 만들어나가는 것입니다.

'부정적인 말을 하지 말자'는 사소한 결심이 불러오는 나비효과

'아, 방금 부정적인 말을 해버렸네!'

만약 당신이 이렇게 깨달았다면 바로 그때가 이 책이 필요한 순간입니다. 부디 제가 말씀드린 대화법 중 하나라도 시도해보고, 그 효과를 체감해보시길 바랍니다.

만약 '최소한 상대를 부정하지 말자'는 원칙을 갖고 커뮤니케이션하는 사람들이 늘어난다면 우리 사회는 훨씬 더 안정되고 평화로울 것입니다. 대화는 더욱 풍부해지고, 사람들은 서로를 미워하지 않고(혹은 덜 미워하고), 새로운 아이디어가 많이 생겨나고, 인류가 가진 능력이 훨씬 더 많은 꽃을 피우지 않을까요?

고작해야 '오늘 저 사람에게 부정하는 말을 하지 말자'는 사소한 결심에서 출발하는 이야기일지도 모르지만 이런 노력들이 쌓인다면 저는 그것이 바로 인류의 진화로 이어질지도 모른다고 생각합니다. 저는 하루하루 이런 생각을 하면서 제 눈앞에 있는 사람과 대화할 때, 진심으로 마음을 열고 귀를 기울입니다.

이제 마무리를 해야 하는데, 마지막으로 언급하고 싶은 것은 역시 사람입니다.

이 책은 저 혼자만의 힘으로 만든 것이 아닙니다.

이 책을 쓰게 된 계기는 편집자 시카노 뎃페이 씨 덕분입니다. 제 전문 분야인 코칭을 '부정하지 않는 대화'라는 새로운 시각으로 바라볼 수 있는 귀중한 기회를 주었죠. 게다가 제가 전문 코치로 활동하는 데에도 새로운 활력을 불어넣어주었습니다. 정말 감사합니다.

그리고 문장력과 논조가 부족한 제 글을 매끄럽게 정리해주고, 미흡한 부분을 채워 넣을 수 있게 조언하고 보완해준 니시자와 야스오 씨. 저에게는 없어서는 안 될 소중한 파트너입니다. 니시자와 씨의 질문 덕분에 다양한 방법과 사례를 떠올릴 수 있었습니다.

이 두 분의 도움 덕분에 이 책을 완성할 수 있었습니다.

이 책에서 소개한 사례들은 제가 코칭을 하면서 만난 수많은 리더들, 제 밑에서 배우는 수강생들, 제 오른팔로 활약하고 있는 제자들과 이야기하는 과정에서 얻은 정보들이기도 합니다.

이분들이 없었다면 전달하지 못했을 이야기가 많이 있습니다. 항상 감사합니다.

그리고 무엇보다 말하고 싶은 사람은 바로 이 책을 읽고 있는 당신입니다. 이 책을 통해 당신을 만나게 돼서 진심으로 기쁩니다.

당신이 소중하게 생각하는 사람들과 더욱더 원활한 커뮤니케이션을 하고, 누군가와 이야기를 나누면서 마음이 편안해지고, 유쾌한 인간관계를 만들어갈 수 있기를 진심으로 바랍니다. 이 책은 그런 당신이 '원하는 미래'를 만들어나가는 데 힘이 될 것입니다.

끝까지 읽어주셔서 정말로 감사합니다.

하야시 겐타로

하야시 겐타로 林健太郎

대화 코칭, 기업 코칭 전문가이자 리더 육성가.
합동회사 넘버투 이그제큐티브 코치. 일반사단법인 국제코치연맹 일본지부
(당시) 창립자.
1973년 도쿄 출생. 반다이, NTT 커뮤니케이션즈 등에서 일한 후, 일본에서
이그제큐티브 코칭 분야를 개척한 앤서니 클루커스(Anthony Clucas)와 만
나게 되는데, 이 일을 계기로 자신도 프로 코치가 되기 위해 해외 연수를 떠
난다.
귀국 후, 2010년 프로 코치로서 독립한 그는 활발한 활동을 이어 가고 있다.
2016년에는 필립모리스사의 의뢰를 받아 200명 이상의 관리자를 대상으로
코칭 교육을 실시했으며, 그 후에도 꾸준히 대표적인 대기업과 외국계 기업,
벤처 기업과 가족 경영 회사까지 800여 명의 경영자 및 직장인 들을 코칭하
고 있다. 기업 교육 강사로서도 뛰어난 활약을 보이고 있는 그는 페라리사
의 일본 공인 강사를 8년 동안이나 역임하고 있다.
『아무도 상처받지 않는 대화법』(원제: 否定しない習慣)은 약 15년 동안 쌓인 코
칭 경험을 살려 쓴 책으로 출간 이후 3년 동안 독자들 사이에서 꾸준히 입소
문이 나면서 15만 부까지 팔린 베스트셀러이다. 풍부한 사례와 실용적인 화
법 제시, 저자만의 독특한 표현법 등으로 화제를 모은 이 책은 지금도 고공
행진 중이다.
https://number-2.jp

작가의 한마디 :
대화가 안 되는 건 당연하다고 마음먹자!

민혜진

한때는 인세로 밥 먹고 사는 글쟁이의 삶을 꿈꿨지만, '박제가 되어버린 천
재를 아시오?'로 시작하는 이상적인 소설을 읽고 일찌감치 포기했다. 그 후
글 다루는 일로 눈을 돌려 편집자로 밥벌이하며 지내다가 현재는 해외의 좋
은 책을 기획하고 번역하는 일을 업으로 삼고 있다. 옮긴 책으로는 『아무도
상처받지 않는 대화법』, 『내 감정이 우선입니다』, 『한마디 먼저 건넸을 뿐인
데』, 『나를 죽이는 건 언제나 나였다』 등이 있다.

칭찬보다 더 효과적인 말투의 심리학

아무도 상처받지 않는 대화법

1판 1쇄 발행 | 2024년 9월 20일
1판 5쇄 발행 | 2025년 1월 23일

만든 사람들
지은이 | 하야시 겐타로
옮긴이 | 민혜진
기획 · 편집 | 박지호   마케팅 | 김재욱
디자인 | design PIN

ISBN 979-11-984764-9-4 03190

펴낸이 | 김재욱, 박지호
펴낸곳 | 포텐업
출판등록 | 제2022-000323호
주소 | 서울시 마포구 월드컵로7안길 20 302호(04022)
전화 | 070-4222-1212 팩스 | 02-6442-7903

원고 투고 및 독자 문의 | for10up@naver.com
인스타그램 | @for10up
블로그 | https://blog.naver.com/potenup_books
포스트 | https://post.naver.com/potenup_books